気持ちを贈る ギフト切り紙

お祝い袋・ポチ袋・カード・ギフトボックスなど

大原まゆみ
Ohara Mayumi

やさしい気持ちで
笑い合えるひととき

　祝福、感謝、応援、賞賛、敬意、そんな気持ちを手作りで伝える、切り紙の作品集です。人気が高い縁起物をモチーフにした作品を中心に、誕生日、引っ越し、父の日、母の日、クリスマスなどの行事にふさわしい形がたくさん登場します。

　誰かが、自分のために時間をかけて、心を込めて何かを準備してくれる、とても素敵なことですよね。また、誰かのためを想って、準備に夢中になれることも、同時にとても素敵です。やさしい気持ちで笑い合えるひとときのきっかけとして、本書の作品をお使いください。

　作品はハサミやカッターで切りやすいように、なるべく細かな折り返しを減らして、すっきりした線でデザインしています。それは、子供からお年寄りまで、多くの方々に楽しんでいただくためです。また、メッセージを書き添える場所をゆったり設けていることも、本書ならではの特長です。ご活用ください。

　　　　　　　　　　　　　　　　大原まゆみ

目 次

やさしい気持ちで笑い合えるひととき	02
紙について	06
切り紙の基本	08
型紙の使い方	10

第1章 お祝い袋・ポチ袋　11

お祝い袋を作る準備	11
作り方のポイント　お祝い袋 A type	12
作り方のポイント　お祝い袋 B type	13
作り方のポイント　ポチ袋	14

●お祝い袋 A type

#01　寿鶴（ことぶきつる）	15
#02　恵比寿（えびす）	15
#03　登り竜（のぼりりゅう）	16
#04　福助（ふくすけ）	16

●お祝い袋 B type

#05　松竹梅（しょうちくばい）	17
#06　お多福（おたふく）	17
#07　桜咲く	18
#08　バラ	19
#09　カーネーション	19
#10　ハッピー・マイ・ホーム	20
#11　ハッピー・バースデー	20
#12　クリスマス・ポインセチア	21

●ポチ袋

#13　松	22
#14　桜	22
#15　朝顔	23
#16　椿	23

●十二支のポチ袋

#17　子（ね・ねずみ）	24
#18　丑（うし）	24
#19　寅（とら）	24
#20　卯（う・うさぎ）	24
#21　辰（たつ・りゅう）	24
#22　巳（み・へび）	24
#23　午（うま）	25
#24　未（ひつじ）	25
#25　申（さる）	25
#26　酉（とり）	25
#27　戌（いぬ）	25
#28　亥（い・いのしし）	25

●ミニカード
#41 花A　#42 みつばち　#43 ちょうちょう　#44 花B　37
#45 お多福　#46 獅子　#47 恵比寿　#48 桜　38

●ギフトタグ
#49 椿　#50 ハートとリボン　39
#51 登り竜（のぼりりゅう）　#52 招き猫（まねきねこ）　40
#53 フクロウ　#54 恵比寿（えびす）　41

第3章　花のリボン飾り・ギフトボックス　44

花のリボン飾りを作る準備　44　　作り方のポイント　45
ギフトボックスを作る準備　46　　作り方のポイント　47

●花のリボン飾り
#55 花A　#56 花B　48
#57 花C　#58 花D　49

●ギフトボックス
#59 バラ　50
#60 ヒマワリ　51
#61 立体花A　52
#62 立体花B　53

第2章　お祝いカード・ミニカード・ギフトタグ　28

お祝いカード・ミニカード・ギフトタグを作る準備　28
作り方のポイント　お祝いカード　29

●お祝いカード
#29 寿鶴（ことぶきつる）　30
#30 祝い鯛（いわいたい）　30
#31 お多福（おたふく）　31
#32 松竹梅（しょうちくばい）　31
#33 登り竜（のぼりりゅう）　32
#34 寿亀（ことぶきかめ）　32
#35 桜咲く　33
#36 カーネーション　34
#37 バラ　34
#38 ハッピー・バースデー　35
#39 ハッピー・マイ・ホーム　35
#40 クリスマス・ツリー　36

第4章　ギフトバッグ　56

ギフトバッグを作る準備　　作り方のポイント　56

●ギフトバッグ
#63 カーネーションとリボン　58
#64 ハッピー・バースデー　59
#65 バラ　60
#66 立体花　61

コピーをとって使える 型紙集　63

紙について

B4から基本サイズ250×360mmを切りとることで、作業がわかりやすく、楽に！

本書の作品づくりには、主に色画用紙を用いています。また、三角形に4つ折り、8つ折りするなど小さく折りたたんで切る作品では、折り紙を使ってもいいでしょう。色画用紙はB4のものを購入し、それぞれの作品に適したサイズに切り分けています。B4は257×364mmと細かな数字でサイズが決まっていますが、商品となった紙では、B4といっても紙の伸び縮みや、断裁のズレで大きさに誤差が生じます。

そこで、本書では、B4から正確に採寸して切りとることができる250×360mmを基本のサイズとしています。

つまり、B4から少し小さな寸法の紙を切りとるということです。

この250×360mmを基本として、タテやヨコの辺を半分、または1/4で採寸、裁断して、作品ごとに適した用紙を準備します。

こうして文章にすると、難しく感じられますが、まず250×360mmに切った紙を2つ折りや4つ折りにして、その折り筋に沿って切り分ければ、簡単にそれぞれの用紙サイズになるという仕組みになっています。

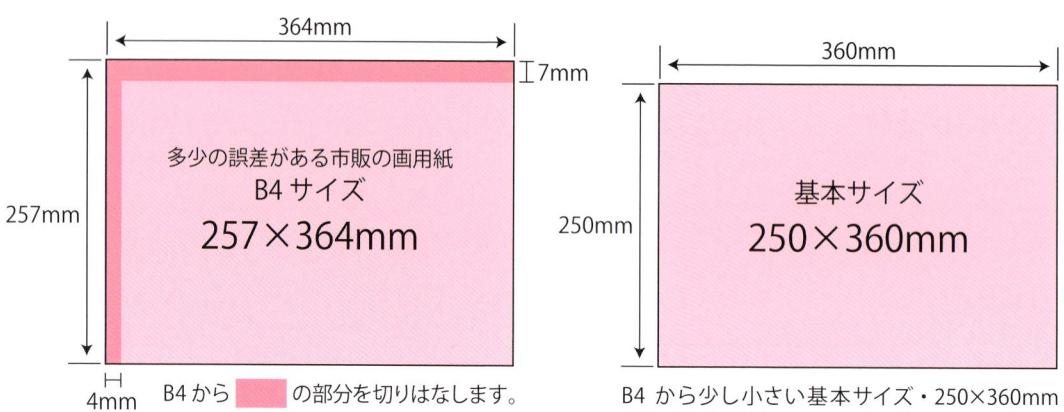

B4から ▨ の部分を切りはなします。

B4から少し小さい基本サイズ・250×360mmを切りとりました。ここから、作品ごとに適したサイズの用紙を準備しましょう。

タテ、ヨコの辺を半分、または1/4にすることを基本にして、簡単に用紙が準備できます。

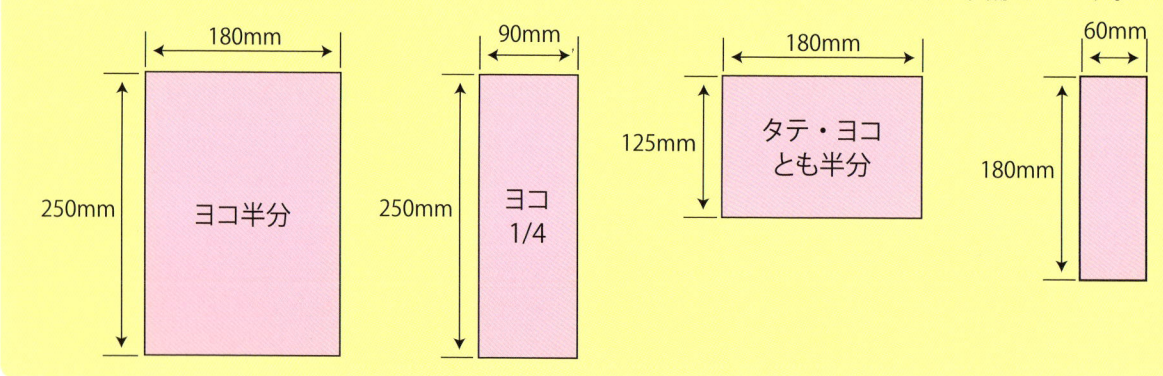

色画用紙といっても、表面の凸凹や柄、光沢の有る無し、手触りの質感など様々。あなたの好みで紙を選び、使い分けてください。また、いずれも **木工用ボンドが接着剤としては適しています**。のりしろなど、細長い面の接着には両面テープも便利です。

「へら」を使ってみましょう。

手だけでもきれいに紙を折ることはできますが、いったん手で折った紙の折り目をへらで押さえると、さらにきれいな折り筋に仕上げることができます。試してみてください。

切り紙の基本　　作品づくりの前に、道具の使い方、きれいに仕上げるコツを確認しましょう。

●ハサミの使い方

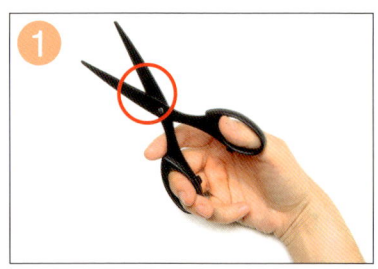

1 ハサミは、刃を大きく開き、刃のつけ根までしっかり紙を入れ込んで、◯で囲んだ部分で切り始めるのが基本です。

2 切る方向を変えるときは、なるべくハサミは動かさず、紙を回転させて、望む角度で進みます。

3 方向転換ができました。また刃を開いて、つけ根部分で切り進みましょう。

●カッターの使い方　　※絶対に、紙を押さえている方の手を刃が進む方向に、置かないでください。

軽作業用カッターは、人差し指で刃を上から押さえて、刃先に力を集めるようにして切ります。

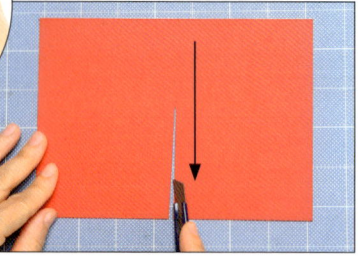

マットの上に紙を置き、手前に向かってタテにまっすぐ引いて切ります。横方向では力が不十分で刃先がぶれます。

細工用カッターは、ペンと同じように持ちます。

曲線を切ったり、細かな方向転換に適した刃物です。ここでも基本的には手前に引くようにして切りましょう。

●ポンチで丸い穴をきれいに開ける

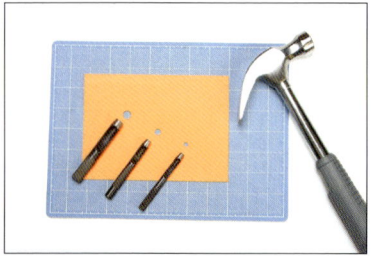

ポンチは主に皮に穴を開ける筒状の金属で、いろいろな口径があります。ハンマーも用意します。ポンチは手芸店、ホームセンター、100円均一ショップなどで売っています。

コンクリートやフローリングなどの上にマットを置き、その上でポンチを打ち込むようにハンマーでたたきます。小さな力でもきれいな丸い穴を開けることができます。

●接着剤など

紙の接着には**木工用ボンド**が便利です。接着力が強く、乾くと透明になります。のりしろなど面でしっかりつけるには**両面テープ**を、左右に引っぱる力が強い部分には**ホッチキス**を使ってみましょう。

● 2種類の折り線／谷折り・山折り

 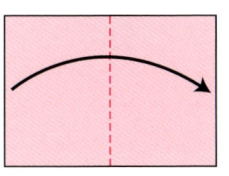  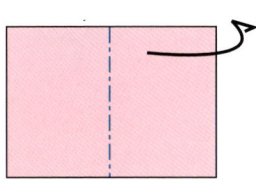

谷折り／折った線（折り筋）が奥になり、谷状になる折り方です。本書では、主に赤い細かな点線で示します。

山折り／折り筋が前に飛び出すように、山状になる折り方です。本書では、主に青い破線で示します。

● 折り筋をあらかじめつけてきれいに折る

紙を折る前に、折る線の上をカッターの背でなぞって、クセをつけましょう。しわがなくきれいに折れます。

カッターの背のかわりに、写真のような千枚通しや、細い針や竹串を使うのもいいでしょう。

折り筋をつけると、細かな部分でもすっきりした線で折ることができます。形を整えるときも、不要なしわが寄ることもないでしょう。

● 下書きは基本的に紙の裏に書く

切り紙を切って開くと、線対称なので表も裏も同じように仕上がっています。そのため、裏に下書きをして、切り終えたあと表に返しても、仕上がりは同じです。

裏から見ると右側に鉛筆の線が残っています。これを消そうと消しゴムでこするときに、けっこう作品が傷むことがあるのです。

作品を表から見ています。切り紙としては、裏と同じ様子ですが、下書きの線は見えません。

型紙の使い方　　楽に正確にデザイン通りの作品を仕上げる方法です。

本書ではすべての作品の図面を63pから紹介しています。その図面は、コピーして型紙として使えるように、紙を折りたたんだ状態に下書きをした様子を掲載しています。型紙の大きさは、作品の完成写真にある見本と同じ大きさに仕上がるものです。使用する紙の寸法や折り方は、作品ごとに案内しています。

●カーボン紙を使う

型紙をコピーして切り取ったものと、紙を折りたたんだものを用意します。

型紙と折りたたんだ紙の間に、カーボン紙をはさみ、デザインを鉛筆でなぞると、型紙にある線をそのまま紙に写すことができます。

カーボン紙は同じ作品をいくつか作るときにとても便利です。色違いの紙で、たくさん作るときなど、作業を楽に行えます。

●型紙もいっしょに切る

型紙をコピーして切り取ったものと、紙を折りたたんだものを重ねて、切り落としてしまう不要な部分をホッチキスでとめ、型紙と紙がずれないようにします。折り目の位置に注意してください。

デザインの線に沿って、型紙と紙をいっしょに切ります。ホッチキスで3〜4か所とめると紙がずれず、作業しやすいでしょう。

第 1 章

お祝い袋・ポチ袋

お祝い袋 A type、お祝い袋 B type、ポチ袋の 3 種類。
縁起の良い人気者がたくさん登場します。

お祝い袋を作る準備

下の図のように採寸した紙を使い、切り紙の飾りがあるお祝い袋を作ります。お祝い袋 A type では、図Aの袋の本体とは別の紙で飾りを作り、組み合わせます。
また、お祝い袋 B type は、図Aの袋の本体そのものに切り紙を施します。お祝い袋 B type は、色違いの図B（**中に入れる紙**）を用意して、デザインを引き立てます。

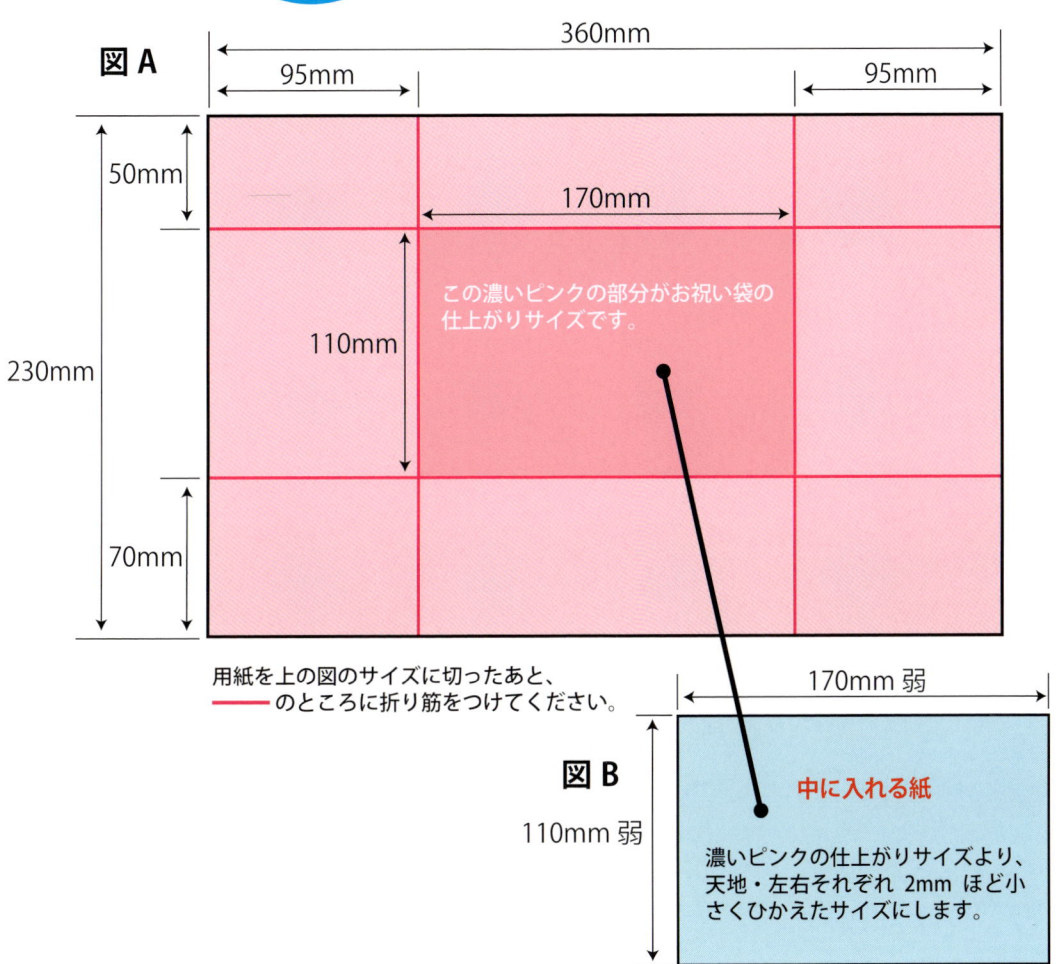

図A 用紙を上の図のサイズに切ったあと、——— のところに折り筋をつけてください。

図B **中に入れる紙** 濃いピンクの仕上がりサイズより、天地・左右それぞれ 2mm ほど小さくひかえたサイズにします。

作り方のポイント

お祝い袋 A type
切り紙で作った飾りを、袋の本体と組み合わせて仕上げます。

袋の本体／11pの図Aの採寸で用紙を切り、折り筋をつけてください。
切り紙の飾り／用紙を下の図のサイズに切ってください。

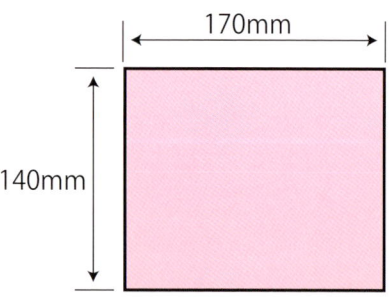

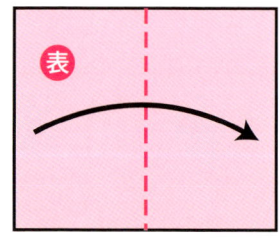

1 長い辺を2等分して、全体を谷折りで半分に折ります。

2 できあがり。

1 最初に袋の本体を作ります。

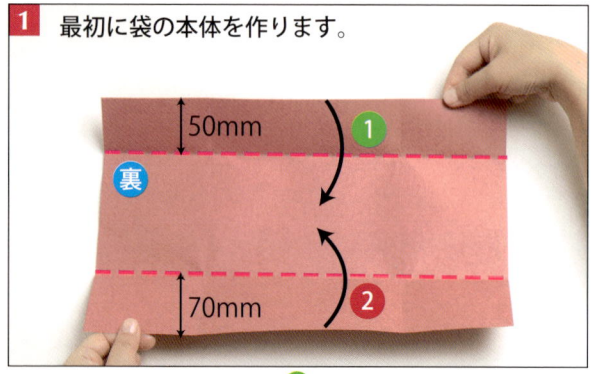

最初に上から50mmの折り筋①を谷折りで折り下げ、次に下から70mmの折り筋②を谷折りで折り上げます。

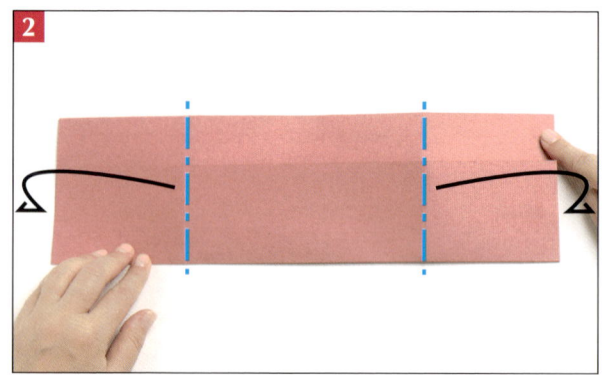

左右にあるタテの折り筋をそれぞれ山折りして、裏へ送ります。

②を折りました。できたら、左右を入れ替えて、裏返しましょう。

向かって右側で縁のある部分が上になるようにして、袋のできあがりです。この状態で、袋の中身を入れたあと、シールやのりづけで封をしましょう。

5 袋の本体と切り紙の飾りを組み合わせます。

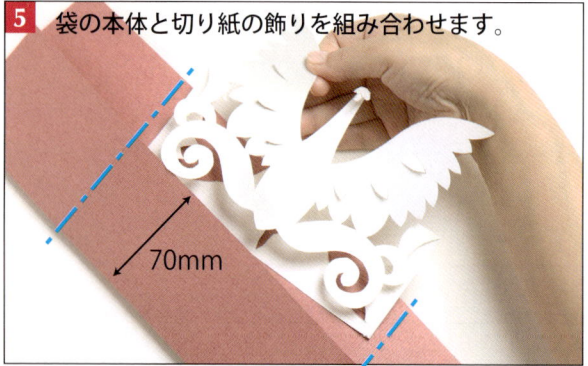

できあがった袋を一旦開いて、70mmの帯の内側に、切り紙の折り返し部分（差し込み部分）を入れます。

切り紙の飾りを装着できました。裏の部分を④の形で封をして、お祝い袋のできあがりです。

第1章 お祝い袋・ポチ袋

作り方のポイント

お祝い袋 B type

11pの図Aの採寸で用意した紙に切り紙を施します。

11pの図Aと図Bの採寸で用紙を切り、折り筋をつけてください。

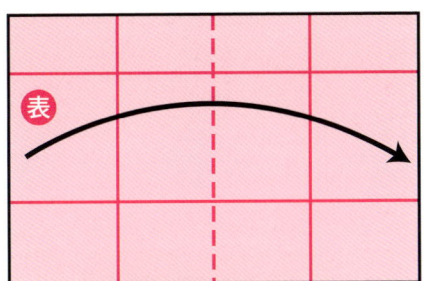

1 11pの図Aの採寸で用意した袋の本体の紙の長い辺を2等分して、全体を谷折りで半分に折ります。

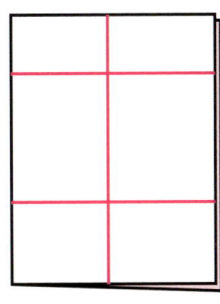

2 できあがり。

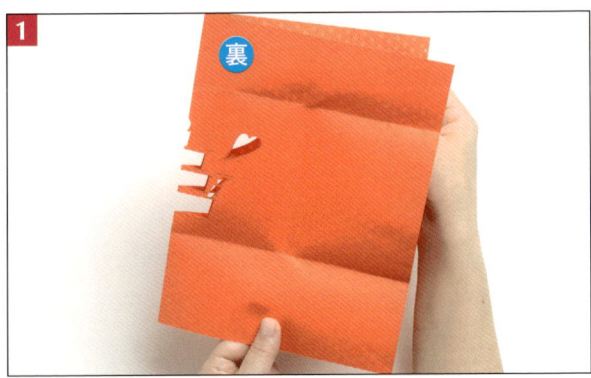

1 11pの採寸で折り筋を入れたあと、全体を半分に折り、切り紙のデザインを切りました。

2 裏を上にして開きました。

3 袋の仕上がりサイズ（110cm×170cm）よりほんの少し小さめのサイズで、色違いの紙を、図のように角を合わせて置きます。

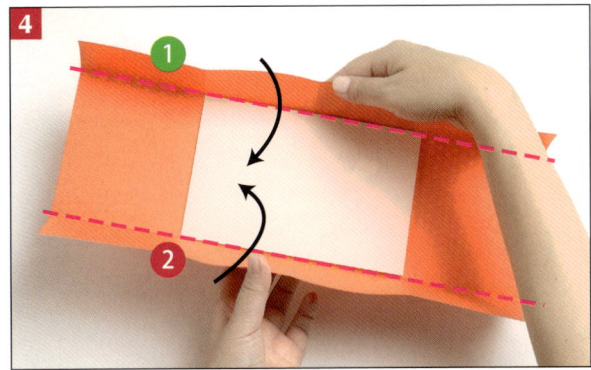

4 最初に上から50mmの折り筋 ① を谷折りで折り下げ、次に下から70mmの折り筋 ② を谷折りで折り上げます。

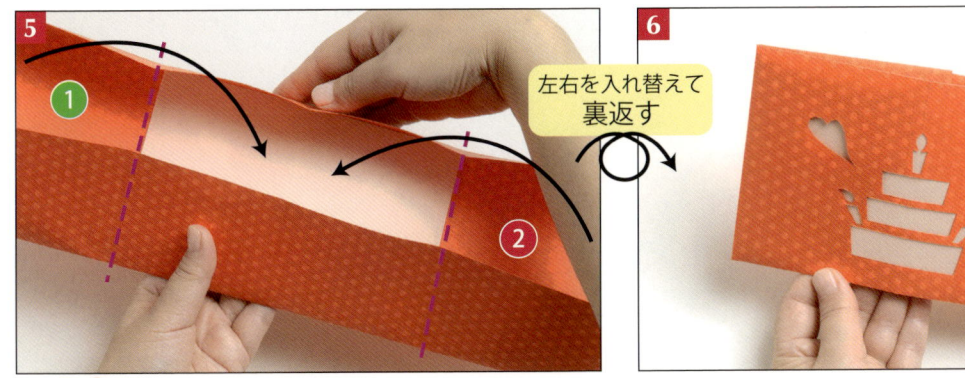

5 ①②の順で、折り筋を使って谷折りします。できたら、左右を入れ替えて、裏返しましょう。

6 中に置いた色違いの紙の効果で、切り紙のデザインがはっきり見えます。

13

| 作り方の
ポイント | **ポチ袋** 小さな袋なので、薄い紙で作った方が、形が整いやすいでしょう。 |

用紙を右の図のサイズに切ったあと、——— のところに折り筋をつけてください。

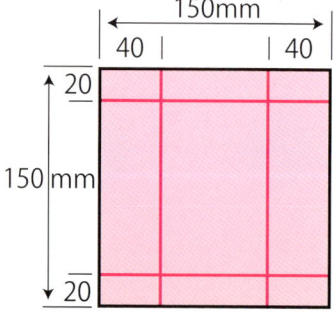

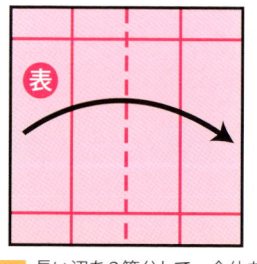

1 長い辺を2等分して、全体を谷折りで半分に折ります。

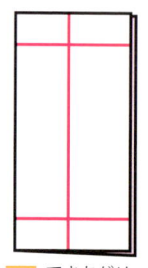

2 できあがり。

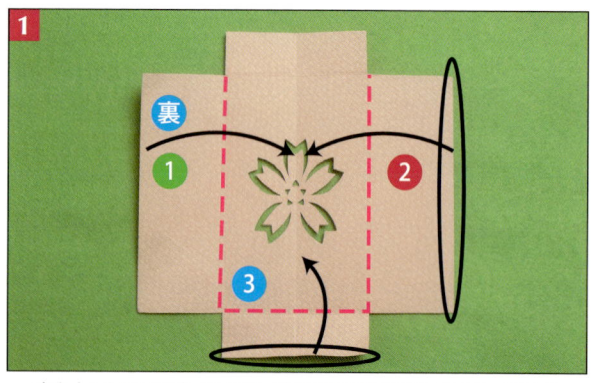

1 裏を上にしています。○で囲んだ辺の縁に接着剤をつけて、番号の順でたたんでください。

2 1 を折りました。表に返しましょう。

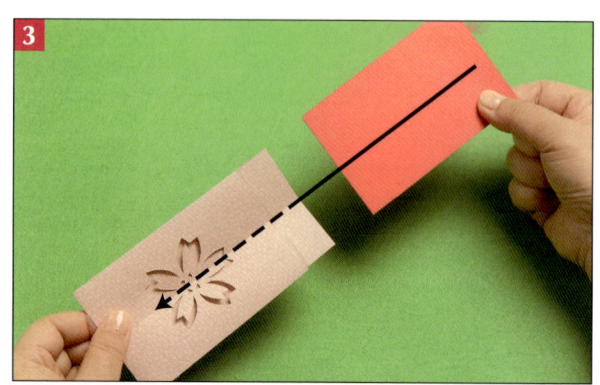

3 袋の仕上がりサイズ（70mm×100mm）よりほんの少し小さめのサイズで、色違いの紙を、図のように中に入れましょう。

4 中身を入れたら、上部を折り返して、封をします。

●寿鶴／作り方のポイント

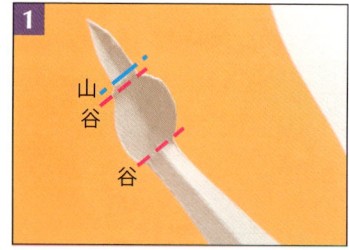

1 頭、くちばしの部分を作ります。細かい作業ですが、山折り、谷折りを確認して、折ってください。

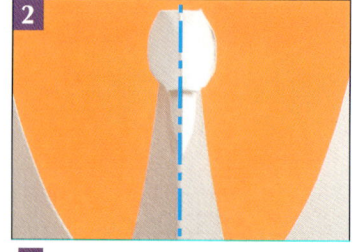

2 1 を折って、正面から見ています。まん中の折り筋で、山折りしましょう。

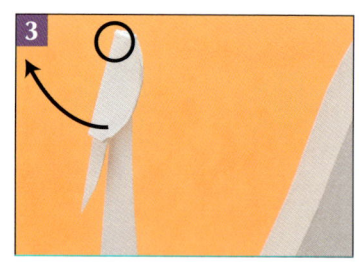

3 ○の角を指で挟んで持ち、頭の部分を矢印の方向へ、引っぱり上げます。

#01　作り方 12p　型紙 64p

お祝い袋 A type
寿鶴（ことぶきつる）

頭、くちばし、それぞれのつけ根の部分を、谷折り、山折りを連続して行います。その折り筋を使って、頭、くちばしの向きを変えて、形を整えます。

4 3 の作業で、頭が起き上がりました。同じ要領で、○の角を挟んで持ち、くちばしを矢印の方向へ、引っぱり下げます。

5 できあがり。頭、くちばしの角度を確認してください。

#02　作り方 12p　型紙 64p

お祝い袋 A type
恵比寿（えびす）

眉、目、鼻、口、ヒゲの大きさを変えてアレンジしたり、切り抜かずにペンで描き込んでもいいでしょう。

#04 作り方 12p 型紙 65p
お祝い袋 A type
福助（ふくすけ）
紙の色、柄で作品の印象は大きく変わります。紙選びにあなたの感覚をいかしてください。

#03 作り方 12p 型紙 65p
お祝い袋 A type
登り竜（のぼりりゅう）
入学や入社など、新たなスタートを祝うときに使いたい作品です。

#06　作り方 13p　型紙 67p
お祝い袋 B type
お多福（おたふく）

小さな目ですが、笑っている表情をしっかり表現する大事な部分です。形をよく見て、ていねいに切ってください。

#05　作り方 13p　型紙 66p
お祝い袋 B type
松竹梅（しょうちくばい）

袋の中に紅い紙を入れて、紅白のめでたい色合わせで仕上げました。中に緑を入れると落ち着いた印象に、金だと高貴に仕上がるでしょう。

#07 作り方 13p 型紙 68p
お祝い袋 B type
桜咲く
合格、進路決定を祝うときに使いたい作品です。まん中の大きな桜は、花びらのつけ根を谷折りして、起こします。

#08 作り方13p 型紙69p

お祝い袋 B type
バラ

すべての花びらのつけ根を谷折りして、起こします。折る前に、しっかり折り筋を付けておきましょう。

#09 作り方13p 型紙70p

お祝い袋 B type
カーネーション

中央では、4枚の花びらの間を寄せて貼り合わせて、立体的に仕上げます。その周りでは、花びらのつけ根を谷折りして、起こします。

◉カーネーション／作り方のポイント

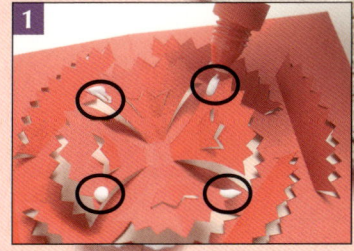

1 まん中の4枚の花びらを、立体的に組み立てます。それぞれの花びらの左側の端に少量の接着剤をつけます。

2 隣り合う花びらの間を寄せて、接着剤がある花びらを下にして、少し重ねて貼り合わせます。

3 花びらの間をくっつけて、形を整えました。組み立てた花びらの中やまわりの花びらは、つけ根を谷折りして、起こします。

#10 作り方 13p 型紙 71p
お祝い袋 B type
ハッピー・マイ・ホーム
新築、引っ越しを祝うときに使いたい作品です。

#11 作り方 13p 型紙 72p
お祝い袋 B type
ハッピー・バースデー
ロウソクやハートの数を増やして、にぎやかにアレンジしてもいいでしょう。

#12 作り方 13p 型紙 73p
お祝い袋 B type
クリスマス・ポインセチア

中央では、4枚の葉っぱの間を寄せて貼り合わせて、立体的に仕上げます。そのまわりでは、葉っぱのつけ根を谷折りして、起こします。葉っぱとなる袋本体を赤に、中に緑の紙を入れるのが定番ですが、金や銀の紙を赤や緑と合わせてもクリスマスらしい仕上がりになります。

● クリスマス・ポインセチア／作り方のポイント

1. まん中の4枚の葉っぱを、立体的に組み立てます。それぞれの花びらの左側の端に少量の接着剤をつけます。

2. 隣り合う葉っぱの間を寄せて、接着剤がある葉っぱを下にして、少し重ねて貼り合わせます。

3. 4枚の葉っぱの間をすべてくっつけて、形を整えました。立体に組み立てた葉っぱ以外は、つけ根を谷折りして、起こします。

#13　作り方 14p　型紙 74p
ポチ袋
松
包装紙ほどの薄い紙が作りやすいでしょう。

#14　作り方 14p　型紙 74p
ポチ袋
桜
見本では、袋が薄いピンク、その中に濃いピンクを合わせていますが、色を入れ替えて違う印象に仕上げるのも素敵でしょう。

#15 作り方 14p 型紙 75p
ポチ袋
朝顔
中に入れる紙を、紫や濃いピンクに変えて、色違いも作ってみましょう。

#16 作り方 14p 型紙 75p
ポチ袋
椿
中に入れる紙に、ひと言メッセージを書き添えてみましょう。そのとき、花や葉っぱの切り抜き窓から見えない場所を選ぶか、切り紙から見てメッセージが裏になるように中の紙を挿入しましょう。

その年の干支だけでなく、相手の生まれ年の干支に合わせて贈りましょう。

十二支のポチ袋　作り方14p　型紙76p〜81p

#17
十二支のポチ袋
子（ね・ねずみ）

#18
十二支のポチ袋
丑（うし）

#19
十二支のポチ袋
寅（とら）

#20
十二支のポチ袋
卯（う・うさぎ）

#21
十二支のポチ袋
辰（たつ・りゅう）

#22
十二支のポチ袋
巳（み・へび）

1

#23
十二支のポチ袋
午（うま）

#24
十二支のポチ袋
未（ひつじ）

#25
十二支のポチ袋
申（さる）

#26
十二支のポチ袋
酉（とり）

#27
十二支のポチ袋
犬（いぬ）

#28
十二支のポチ袋
亥（い・いのしし）

カードは、お祝い袋にぴったり入るサイズです。

第 2 章
お祝いカード・ミニカード・ギフトタグ

開いたときに形が飛び出す、たっぷりメッセージが書ける、
楽しい工夫がいっぱいのカードを揃えました。

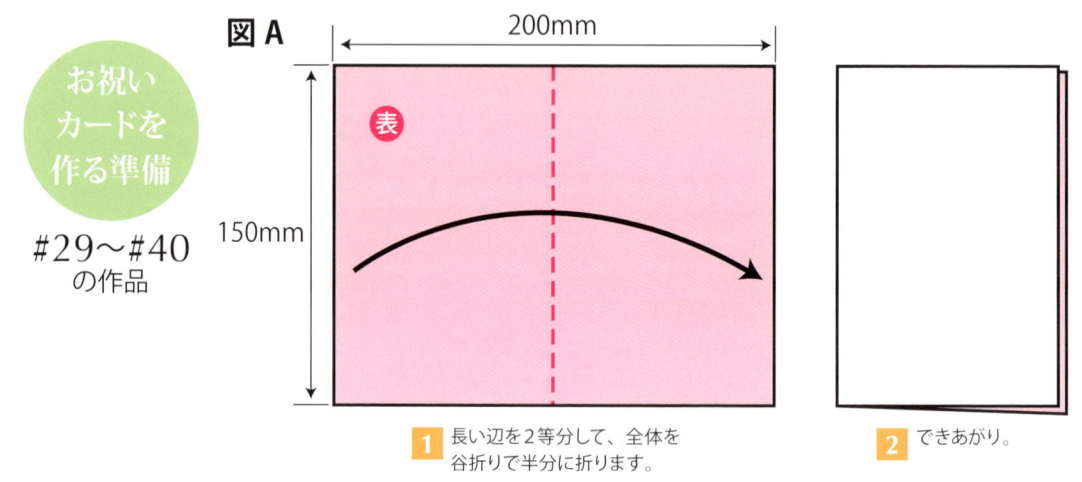

お祝いカードを作る準備
#29〜#40の作品

図A
1 長い辺を2等分して、全体を谷折りで半分に折ります。
2 できあがり。

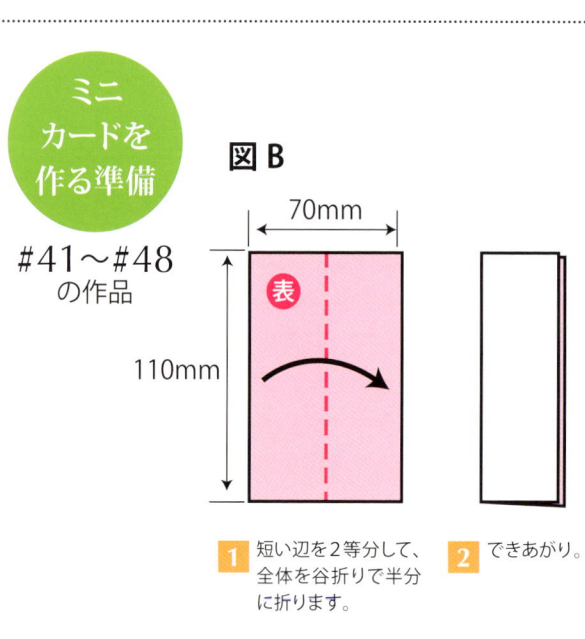

ミニカードを作る準備
#41〜#48の作品

図B
1 短い辺を2等分して、全体を谷折りで半分に折ります。
2 できあがり。

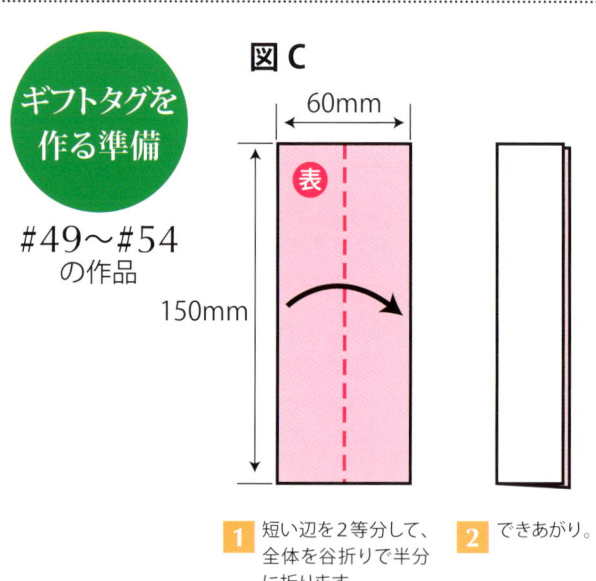

ギフトタグを作る準備
#49〜#54の作品

図C
1 短い辺を2等分して、全体を谷折りで半分に折ります。
2 できあがり。

第2章 お祝いカード・ミニカード・ギフトタグ

作り方のポイント

お祝いカード　カードを開くと、形が飛び出す「ポップ・アップ・カード」です。

28pの図Aの採寸で用紙を切ってください。

表を正面にして見ています。まん中の折り筋を谷折りにします。

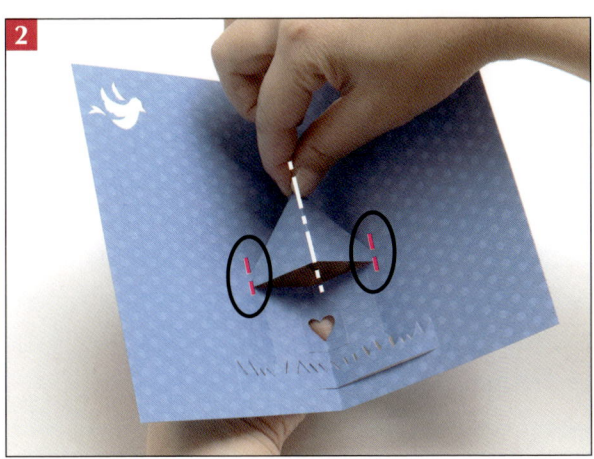

○で囲んだ部分（左右2か所）を谷折りすると、自然に形（ここでは屋根の部分）が飛び出してきます。そこで、形のまん中を山折りしましょう。

1 2 と同じく、左右を谷折り、形のまん中を山折り、の要領で、形を飛び出させて、形を整えて仕上げます。家のドアのように、さらに左右を山折りして、形を奥に凹ませる部分もあります。

#29 作り方 29p 型紙 82p
お祝いカード
寿鶴（ことぶきつる）
頭、くちばし、それぞれのつけ根の部分を、谷折り、山折りを連続して行います。その折り筋を使って、頭、くちばしの向きを変えて、形を整えます。

#30 作り方 29p 型紙 82p
お祝いカード
祝い鯛（いわいたい）
赤がよく似合う作品です。尾の先をツンととがらせて切ることが、元気に見えるコツです。

● 寿鶴／作り方のポイント

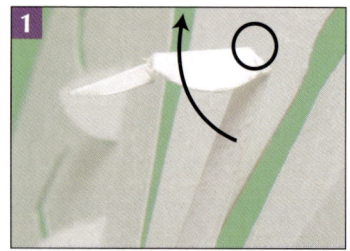

1. 山折り、谷折りをしたあと、○の角を指で挟んで持ち、頭の部分を矢印の方向へ引っぱり上げ、写真のようになりました。

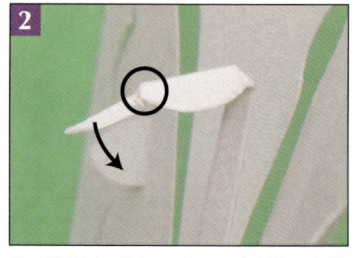

2. ○の角を指で挟んで持ち、くちばしの部分を矢印の方向へ、引っぱり下げます。

3. できあがり。頭、くちばしの角度を確認してください。

#31 作り方 29p 型紙 83p

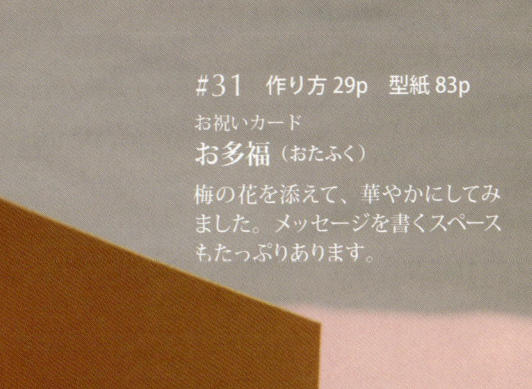

お祝いカード
お多福（おたふく）
梅の花を添えて、華やかにしてみました。メッセージを書くスペースもたっぷりあります。

#32 作り方 29p 型紙 83p

お祝いカード
松竹梅（しょうちくばい）
お祝い袋と合わせて、レターセットとして使ってみてください。

28pの図Aの採寸で、色違いの裏紙を用意して、背面に合わせると、切り紙の形がはっきりします。

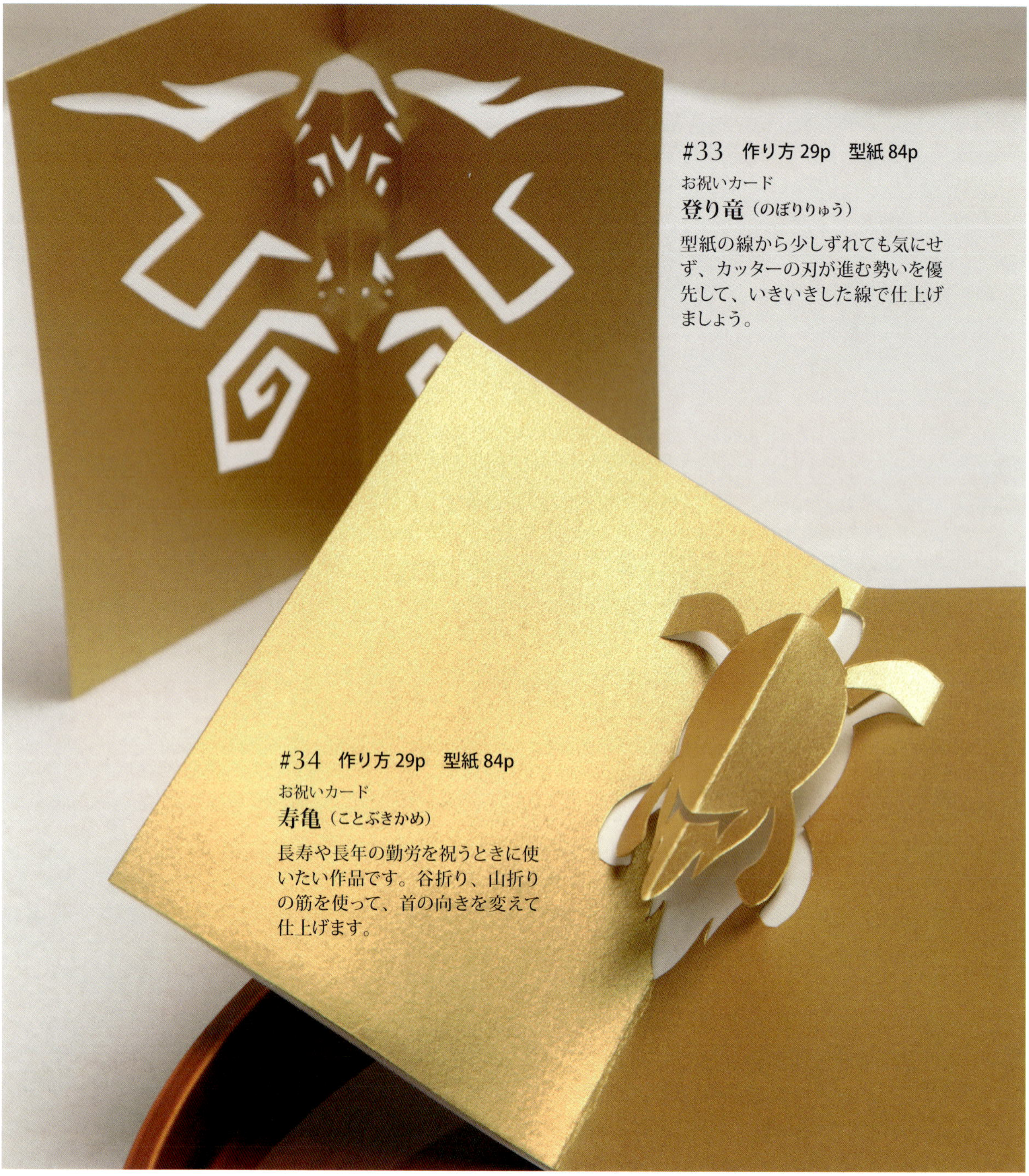

#33　作り方 29p　型紙 84p

お祝いカード
登り竜（のぼりりゅう）

型紙の線から少しずれても気にせず、カッターの刃が進む勢いを優先して、いきいきした線で仕上げましょう。

#34　作り方 29p　型紙 84p

お祝いカード
寿亀（ことぶきかめ）

長寿や長年の勤労を祝うときに使いたい作品です。谷折り、山折りの筋を使って、首の向きを変えて仕上げます。

●寿亀／作り方のポイント

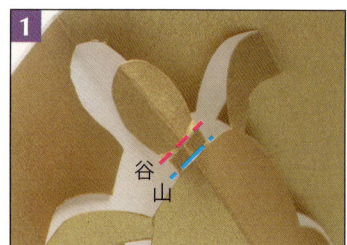 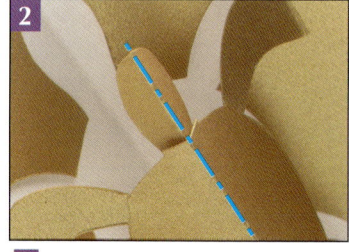 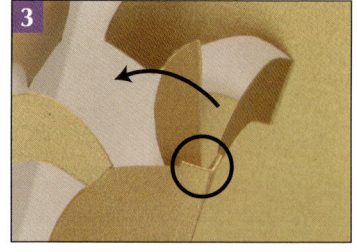

1　頭の部分を作ります。細かい作業ですが、山折り、谷折りを確認して、折ってください。

2　1を折って、上から見ています。まん中の折り筋で、山折りしましょう。

3　○の角を指で挟んで持ち、頭の部分を矢印の方向へ引っぱり、角度をつけましょう。

#35　作り方 29p　型紙 85p
お祝いカード
桜咲く
合格、進路決定を祝うときに使い
たい作品です。季節のあいさつに
も使ってください。

#36 作り方 29p 型紙 85p

お祝いカード
カーネーション
母の日にぴったりの作品です。感謝の言葉を書き込むスペースをたっぷりとってあります。

#37 作り方 29p 型紙 86p

お祝いカード
バラ
父の日や婚約、結婚を祝うときに使いたい作品です。

#38 作り方 29p 型紙 86p
お祝いカード
ハッピー・バースデー
ハートがにぎやかな、楽しいお祝いカードです。ハートの数や位置をアレンジしてもいいでしょう。

#39 作り方 29p 型紙 87p
お祝いカード
ハッピー・マイ・ホーム
紙のドット模様がかわいさを強調しています。色の差が少なくおとなしい模様の紙を使うことがポイントです。

#40 作り方 29p 型紙 87p

お祝いカード
クリスマス・ツリー
見本は緑の紙で作っていますが、
作品の裏側に赤の紙を台紙として
合わせると、さらにクリスマスの
印象が強まるでしょう。

ポチ袋に入る小さなカードです。
ひと言、書き添えてみましょう。

#41
ミニカード
花A

#42
ミニカード
みつばち

#43
ミニカード
ちょうちょう

#44
ミニカード
花B

ミニカードを作る準備 28p 図B　型紙 88p

#45
ミニカード
お多福（おたふく）

#46
ミニカード
獅子（しし）

#47
ミニカード
恵比寿（えびす）

#48
ミニカード
桜

ミニカードを作る準備 28p 図B　型紙 88p

メッセージを書いたギフトタグをリボンに通して、
プレゼントに添えてみましょう。

#49
ギフトタグ
椿

#50
ギフトタグ
ハートとリボン

ギフトタグを作る準備 28p 図C 型紙 89p

リボンを通す穴が、キャラクターの後ろにあります。

#51
ギフトタグ
登り竜（のぼりりゅう）

#52
ギフトタグ
招き猫（まねきねこ）
どちらかの手を写真のように折って、手招きをしているように仕上げてください。

ギフトタグを作る準備 28p 図C　型紙 89p

#54
ギフトタグ
恵比寿（えびす）

#53
ギフトタグ
フクロウ

◉ギフトタグ／作り方のポイント

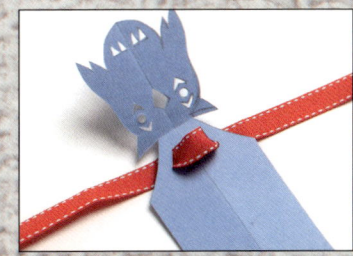

リボンを穴に通しました。キャラクターの部分を上にかぶせて、メッセージを書き添えてください。

作品の仕上げは、あなたが書き添える
やさしいひと言です。

43

第3章
花のリボン飾り・ギフトボックス

贈り物を飾る紙の花を咲かせてください。
色、柄で作品の印象が大きく変わります。試してみましょう。

花のリボン飾りを作る準備

薄い紙で作っても、きれいに形が整う作品です。たくさんの色が入った折り紙のセットを用意して、いろんな色で作ってみてください。
接着剤には、木工用ボンドを用いると、乾きも速く、仕上がりもきれいです。

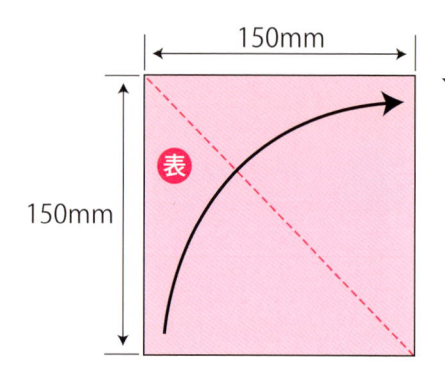

1 対角線を谷折りして、半分の三角形にします。

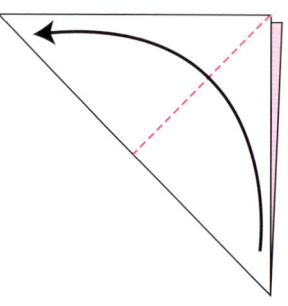

2 さらに半分の三角形にします。

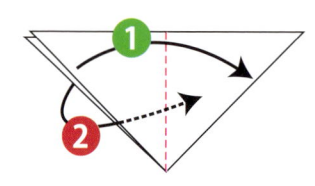

3 最初に❶で、上の1枚だけを谷折りします。次に、裏で❷を❶と同じように折ります。

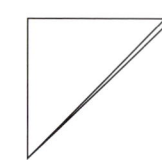

4 できあがり。

第3章 花のリボン飾り・ギフトボックス

| 作り方の
ポイント | 花のリボン飾り | 紙のリボンの表裏を入れ替えてねじり、貼り合わせるのがポイント。 |

1
最初に太いピンクの線(4本)で切り、リボンを2本に分けます。そのあと、花びらを立体的に組み立てます。それぞれの花びらの左側の端に少量の接着剤をつけます。

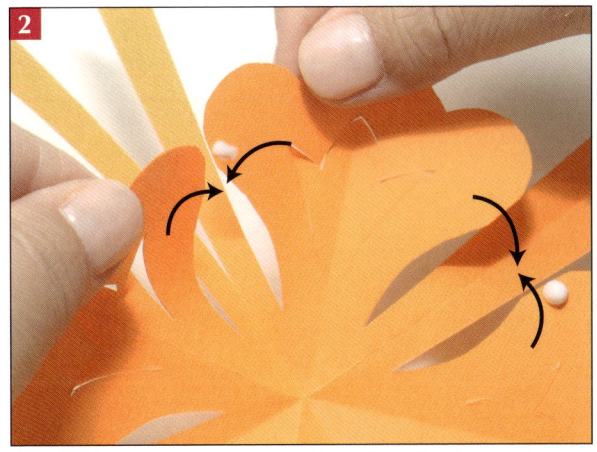

2
隣り合う花びらの間を寄せて、接着剤がある花びらを下にして、少し重ねて貼り合わせます。

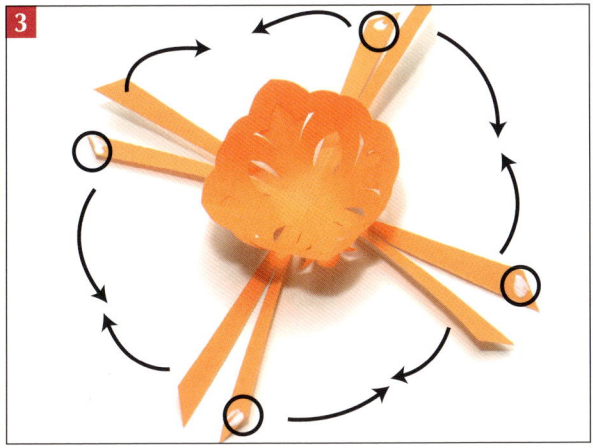

3
花びらの間をすべてくっつけて、形を整えました。次に、**1** で切り分けたリボンの左側の先に少量の接着剤をつけます。

4
3 の矢印の位置関係のリボンの間を寄せてくっつけます。そのとき、それぞれのリボンを180度回転させて、表裏を入れ替えて、ねじった状態でくっつけます。

5
4 の作業をしました。リボンがねじれていることを確認してください。

6
4 の作業をすべてのリボンでしました。全体の形を整えましょう。

45

ギフトボックスを作る準備

用紙を右の図のサイズに切ったあと、――のところに折り筋をつけてください。

箱の本体

図A

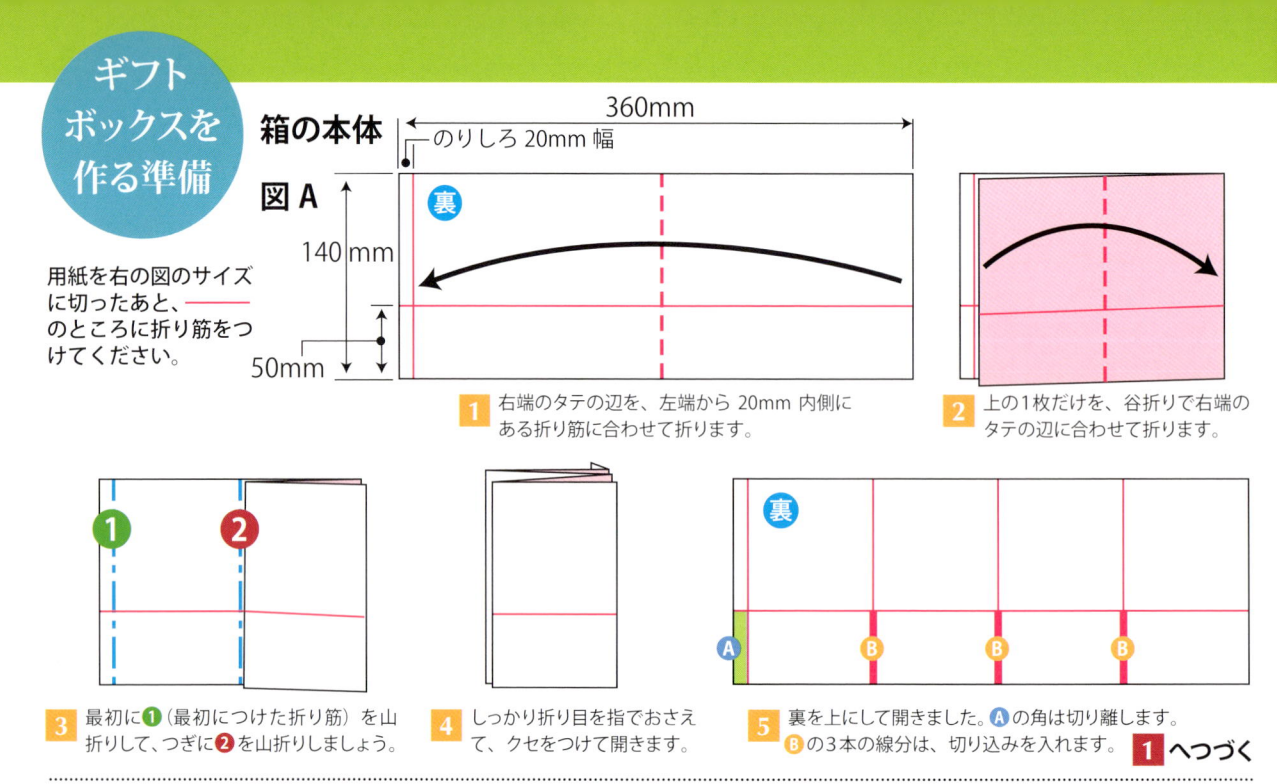

360mm / のりしろ 20mm 幅 / 140mm / 50mm / 裏

1. 右端のタテの辺を、左端から20mm内側にある折り筋に合わせて折ります。
2. 上の1枚だけを、谷折りで右端のタテの辺に合わせて折ります。
3. 最初に❶(最初につけた折り筋)を山折りして、つぎに❷を山折りしましょう。
4. しっかり折り目を指でおさえて、クセをつけて開きます。
5. 裏を上にして開きました。❹の角は切り離します。❺の3本の線分は、切り込みを入れます。 ❶へつづく

箱のふた　#59 #60の作品　#61 #62の作品の花

図B

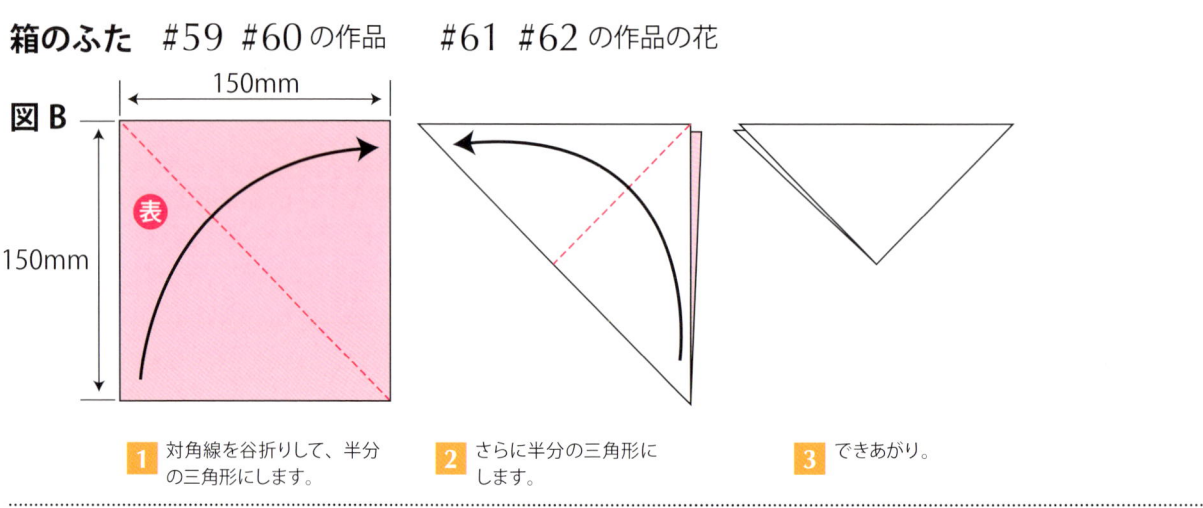

150mm × 150mm / 表

1. 対角線を谷折りして、半分の三角形にします。
2. さらに半分の三角形にします。
3. できあがり。

箱のふた　#61 #62の作品の葉っぱ

図C

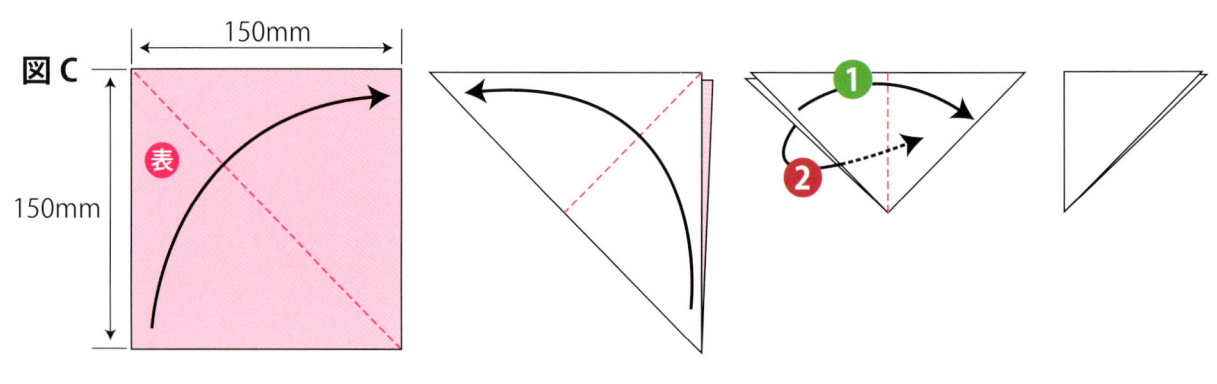

150mm × 150mm / 表

1. 対角線を谷折りして、半分の三角形にします。
2. さらに半分の三角形にします。
3. 最初に❶で、上の1枚だけを谷折りします。次に、裏で❷を❶と同じように折ります。
4. できあがり。

第3章 花のリボン飾り・ギフトボックス

作り方の
ポイント **ギフトボックス** 木工用ボンドのほかに、湿気の心配がない両面テープも便利です。

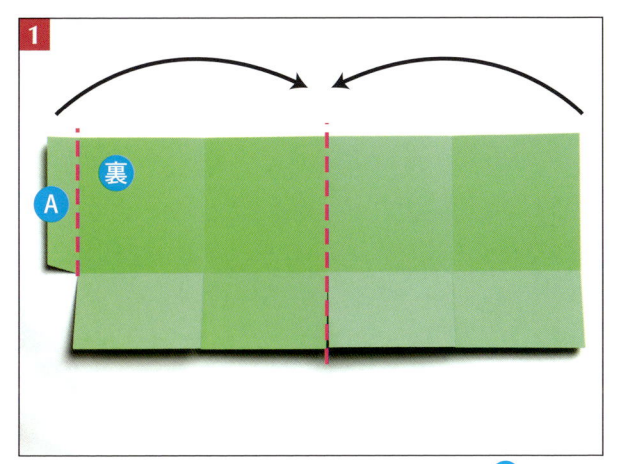

1

裏を上にしています。この裏が、箱の内側になります。Aののりしろの裏に接着剤をつけたあと、全体を半分に折るようにして、左右の端の辺を合わせます。

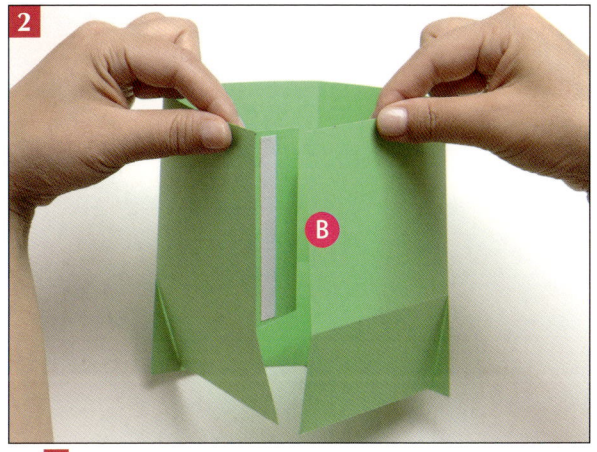

2

1の作業をしています。のりしろの裏につけた接着剤が見えていますね。ここをBの面の内側にくっつけましょう。

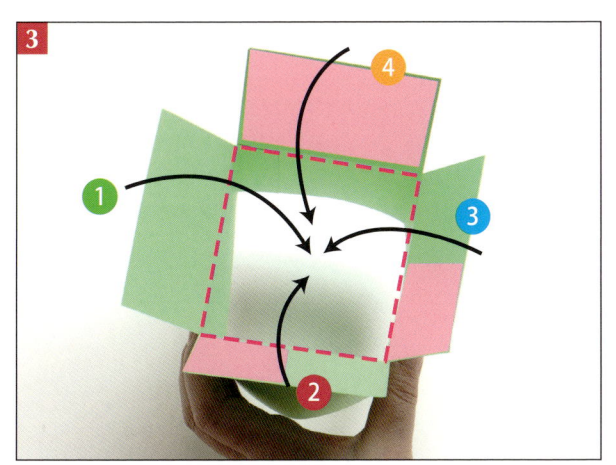

3

薄いピンクの部分に接着剤をつけてください。そのあと番号の順で、底をたたんでいきます。

4

3の作業で、3つの面をたたみました。最後の面を底に接着すると、箱の本体ができあがります。

5

切り紙で作ったふたの○で囲んだ部分に接着剤をつけて、箱の本体にくっつけます。

6

箱の本体の上の縁と、切り紙のふたの折り筋が一致していることを確認してください。

47

かんたんに作れて、こんなにも華やか。

#55
花のリボン飾り
花A

#56
花のリボン飾り
花B

花のリボン飾り　作り方 45p　型紙 90p

#57
花のリボン飾り
花 C

#58
花のリボン飾り
花 D

花のリボン飾り　作り方 45p　型紙 90p

#59　作り方 47p　型紙 90p
ギフトボックス
バラ

バラもヒマワリも、すべての花びらのつけ根を谷折りして、起こします。折る前に、しっかり折り筋をつけておきましょう。

#60 作り方 47p 型紙 90p
ギフトボックス
ヒマワリ

手作りで鮮やかに伝わる、
やさしい気持ち。

#61　作り方 47p　型紙 91p
ギフトボックス
立体花 A

● 立体花／作り方のポイント

花びらを切り抜いてできた窓に、葉っぱを差し込んで組み合わせます。葉っぱはつけ根側から先の順で、山、谷、山、谷と、ていねいに直線で折りましょう。

#62　作り方47p　型紙91p

ギフトボックス
立体花 B

素敵な贈り物のお礼は、あの人の素敵な笑顔。

55

第 4 章

ギフトバッグ

1枚の紙を折りたたんで切ると、全体の展開図の状態になる設計。
意外とじょうぶな仕上がりです。

ギフトバッグを作る準備

1/4に折りたたんで切るので、色画用紙の中でも、薄手のもので作ることをおすすめします。
直線で切るところは、定規を添えて切るといいでしょう。

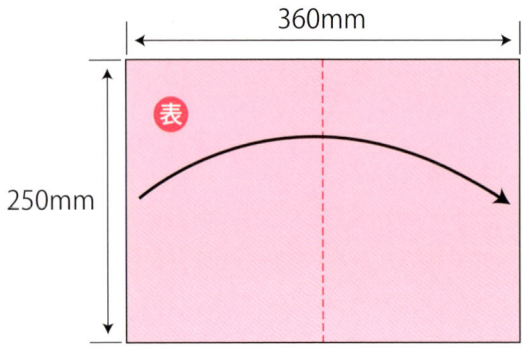

360mm
250mm
表

1 長い辺を2等分して、全体を谷折りで半分に折ります。

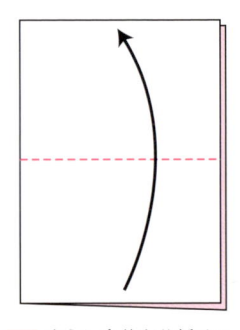

2 さらに全体を谷折りで半分に折ります。

3 できあがり。

作り方のポイント

1

裏
B
A
A
B

裏を上にしています。A B の辺の縁に接着剤をつけます。できたら、左右の A を内側に折り返してくっつけます。

第4章 ギフトバッグ

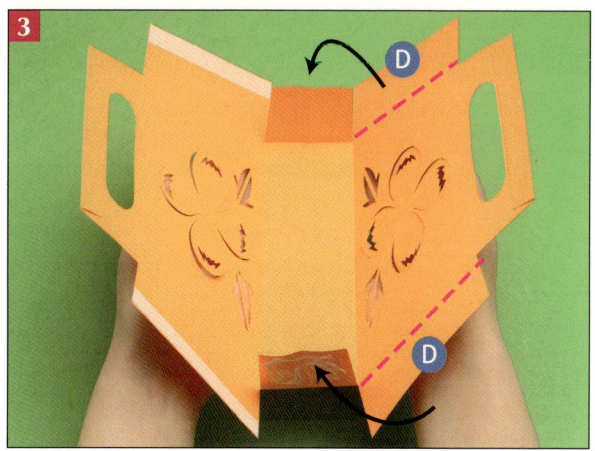

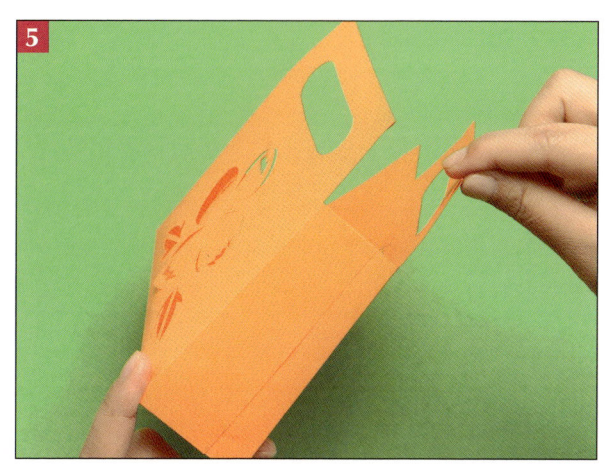

2 底を作ります。左右の側面を谷折りで起こしましょう。C の外側には接着剤をつけておきます。

3 C を谷折りで起こしたあと、D を C の接着剤の上に重ねて折ります。

4 D と同じ要領で、B を C に重ねます。B にも接着剤がついています。

5 全体の形を整えて、できあがりです。

6 #66の作品ではさらに、花を立体的に組み立てます。それぞれの花びらの左側の端に少量の接着剤をつけましょう。

7 隣り合う花びらの間を寄せて、接着剤がある花びらを下にして、少し重ねて貼り合わせます。最後に形を整えましょう。

57

#63　作り方 56・57p　型紙 92p

ギフトバッグ
カーネーションとリボン

母の日の贈り物にはもちろん、女の子の誕生日のお祝いにも使ってください。

#64 作り方 56・57p 型紙 93p

ギフトバッグ
ハッピー・バースデー

贈る方の好みに合わせて、紙の色を選んでみましょう。少し柄のある紙も試してください。

#65　作り方 56・57p　型紙 94p
ギフトバッグ
バラ
すべての花びらのつけ根を谷折りして、起こします。折る前に、しっかり折り筋をつけておきましょう。

#66　作り方 56・57p　型紙 95p

ギフトバッグ
立体花

花びらと花びらを寄せて貼り合わせ、立体に仕上げます。手作りだからこそできるバッグです。

62

コピーをとって使える
型紙集

コピーをとって使えば、下書きをしなくても OK。同じ作品をたくさん作るときにも便利です！

型紙は基本的に原寸版を掲載しています。

型紙は本文の作品見本と同じ大きさに仕上がる原寸版を基本的に掲載しています。型紙のコピーを折った紙に重ねて、いっしょに切って作品を仕上げてもいいでしょう。

下記の表示がある型紙は 125％に拡大してコピーをとってください。

一部の作品で、型紙が本の大きさを越えてしまうので、縮小版を掲載しています。その型紙を 125％で拡大すると、見本の完成作品と同じ大きさで作品を仕上げることができます。

> この表示に注意！
> **125%** 拡大コピー　　#24 は下の型紙を 125％の比率で拡大コピーして使ってください。

自由な大きさにも挑戦してください。

コピー機を使って、型紙を自由に拡大・縮小して、お好みのサイズに作品を仕上げてもかまいません。作品の大きさが違うと、用途が広がる場合もあります。

#01 お祝い袋 A type・寿鶴／作品見本 15p　140×170mm　長方形に 2 つ折り

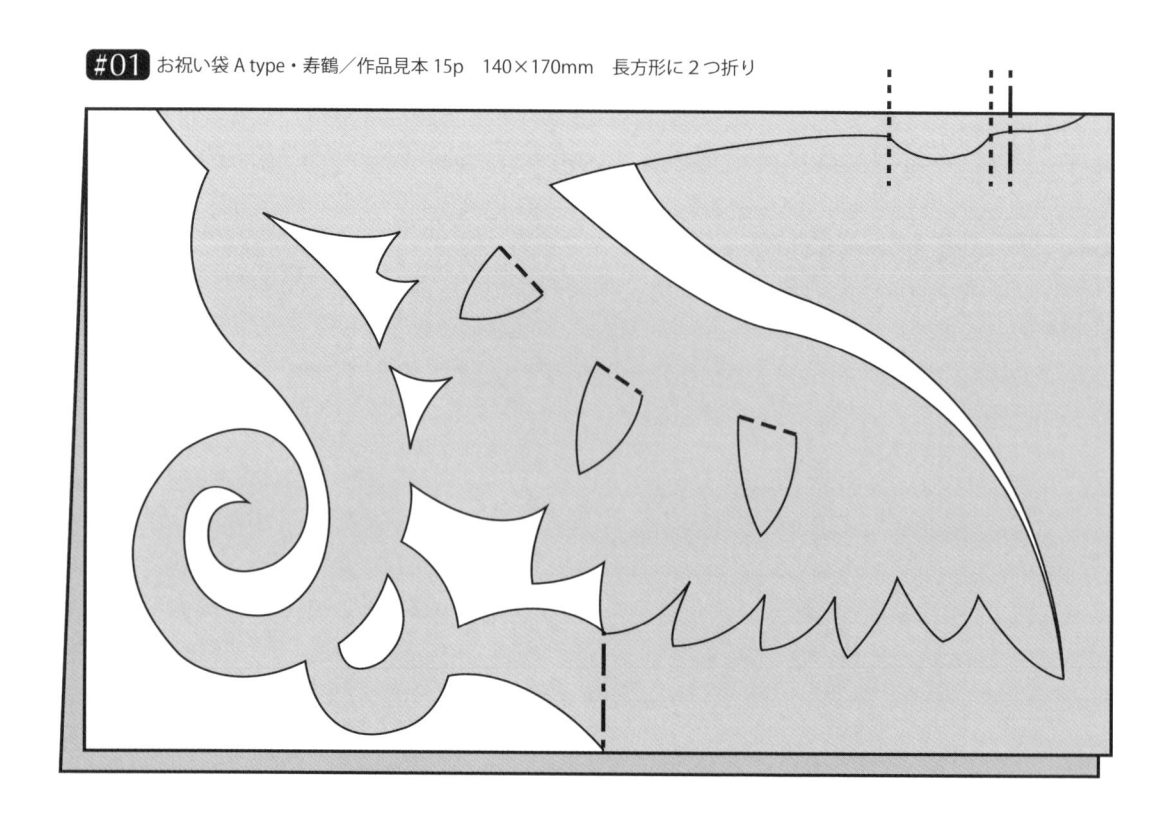

#02 お祝い袋 A type・恵比寿／作品見本 15p　140×170mm　長方形に 2 つ折り

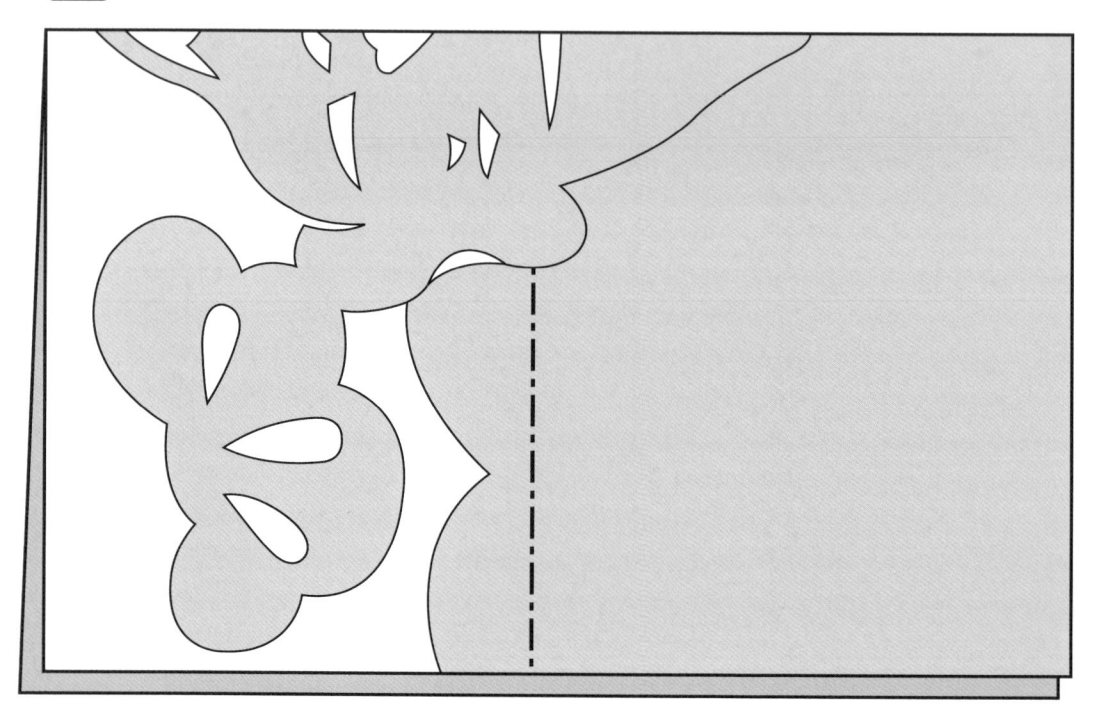

———　ハサミまたはカッターで切る
———　形を切る前に折り筋を入れる
- - -　切って開いた表から見て、谷折りする
-・-・-　切って開いた表から見て、山折りする

#03 お祝い袋 A type・登り竜／作品見本 16p　140×170mm　長方形に2つ折り

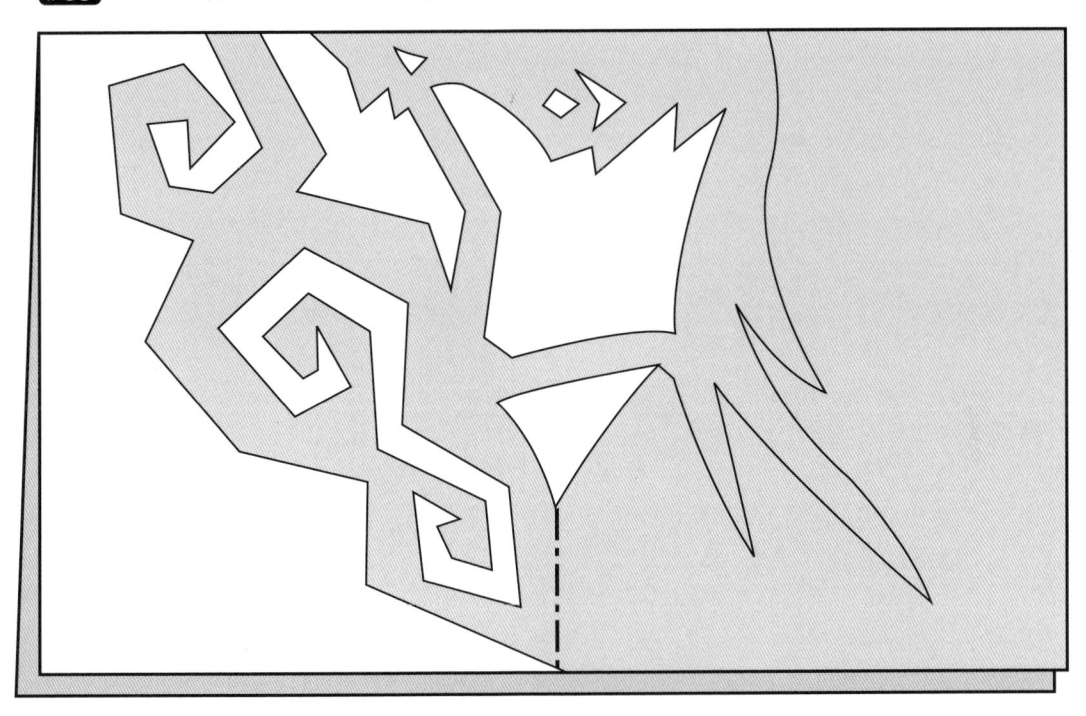

#04 お祝い袋 A type・福助／作品見本 16p　140×170mm　長方形に2つ折り

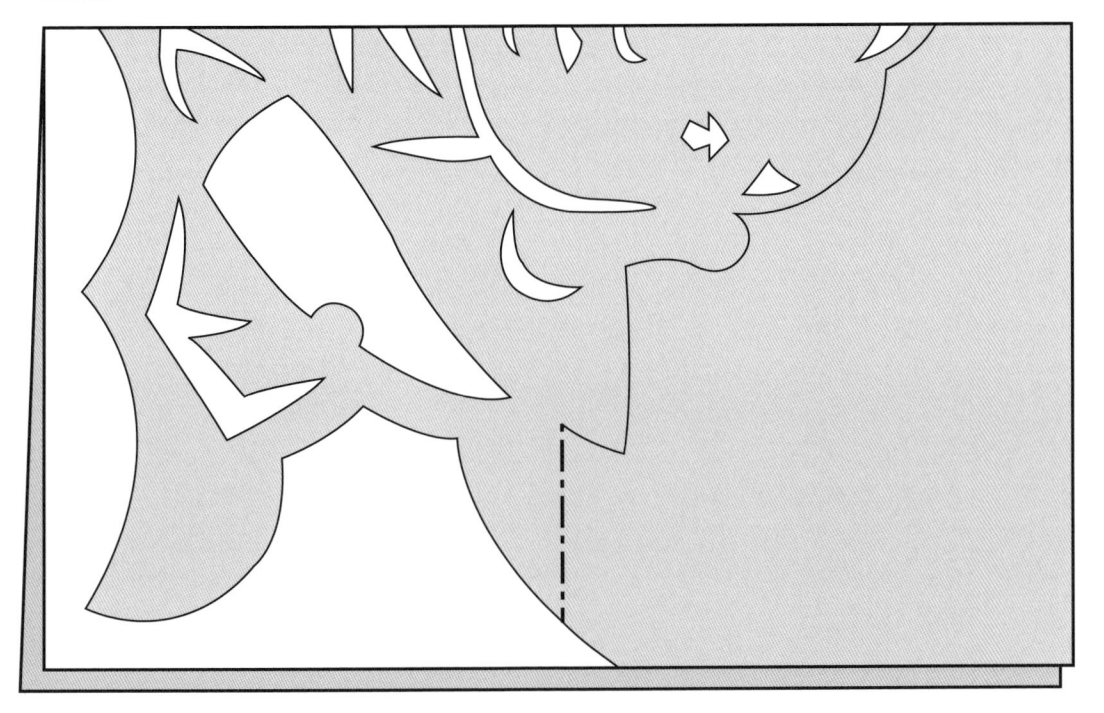

125% 拡大コピー

#05 は下の型紙を 125％の比率で拡大コピーして使ってください。

#05
お祝い袋 B type・松竹梅
作品見本 17p　230×360mm　長方形に 2 つ折り

― ハサミまたはカッターで切る
― 形を切る前に折り筋を入れる
- - - 切って開いた表から見て、谷折りする
-・-・- 切って開いた表から見て、山折りする

125% 拡大コピー

#06 は下の型紙を125％の比率で拡大コピーして使ってください。

#06
お祝い袋 B type・お多福
作品見本 17p　230×360mm　長方形に2つ折り

125% 拡大コピー

#07 は下の型紙を125%の比率で拡大コピーして使ってください。

#07
お祝い袋 B type・桜咲く
作品見本 18p　230×360mm　長方形に2つ折り

―――― ハサミまたはカッターで切る
≡≡≡≡ 形を切る前に折り筋を入れる
－－－－ 切って開いた表から見て、谷折りする
－・－・－ 切って開いた表から見て、山折りする

125% 拡大コピー

#08 は下の型紙を125％の比率で拡大コピーして使ってください。

#08

お祝い袋 B type・バラ
作品見本 19p　230×360mm　長方形に2つ折り

125% 拡大コピー

#09 は下の型紙を125%の比率で拡大コピーして使ってください。

#09
お祝い袋 B type・カーネーション
作品見本 19p　230×360mm　長方形に2つ折り

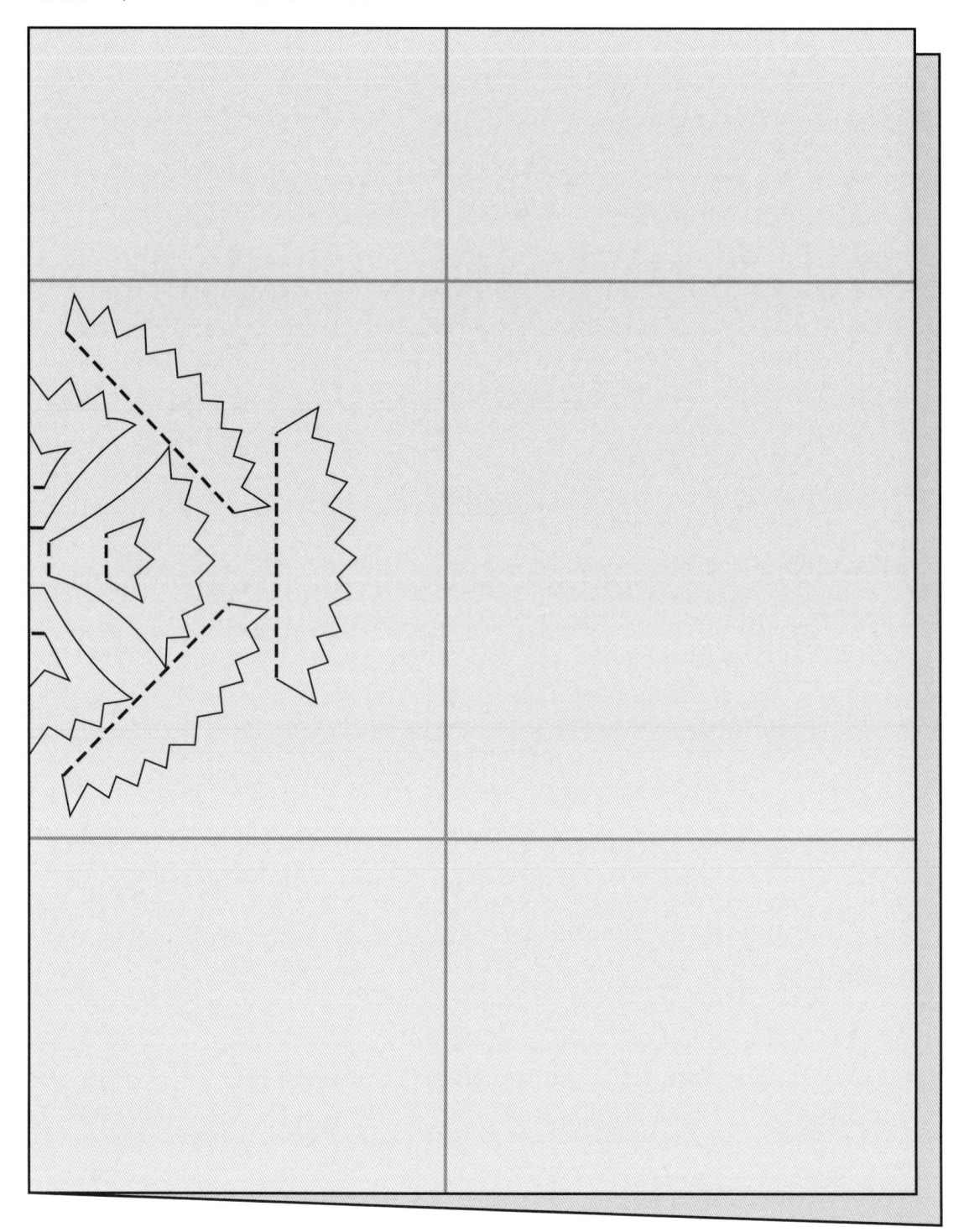

――――― ハサミまたはカッターで切る
━━━━━ 形を切る前に折り筋を入れる
－－－－－ 切って開いた表から見て、谷折りする
－・－・－ 切って開いた表から見て、山折りする

125% 拡大コピー

#10 は下の型紙を 125%の比率で拡大コピーして使ってください。

#10
お祝い袋 B type・ハッピー・マイ・ホーム
作品見本 20p　230×360mm　長方形に 2 つ折り

125% 拡大コピー

#11 は下の型紙を125％の比率で拡大コピーして使ってください。

#11
お祝い袋 B type・ハッピー・バースデー
作品見本 20p　230×360mm　長方形に2つ折り

125% 拡大コピー

#12 は下の型紙を 125%の比率で拡大コピーして使ってください。

#12
お祝い袋 B type・クリスマス・ポインセチア
作品見本 21p　230×360mm　長方形に2つ折り

#13
ポチ袋・松
作品見本 22p　150×150mm　長方形に 2 つ折り

#14
ポチ袋・桜
作品見本 22p　150×150mm　長方形に 2 つ折り

#15
ポチ袋・朝顔
作品見本 23p　150×150mm　長方形に2つ折り

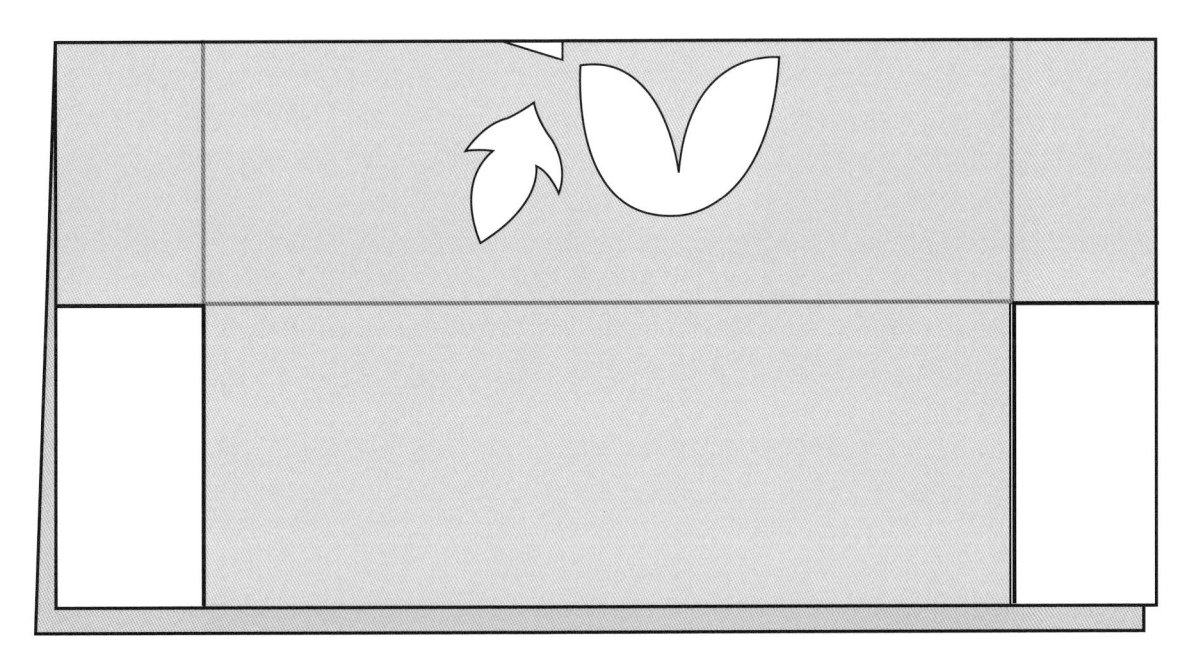

#16
ポチ袋・椿
作品見本 23p　150×150mm　長方形に2つ折り

#17
十二支のポチ袋・子
作品見本 24p　150×150mm　長方形に2つ折り

#18
十二支のポチ袋・丑
作品見本 24p　150×150mm　長方形に2つ折り

ハサミまたはカッターで切る　　　切って開いた表から見て、谷折りする
形を切る前に折り筋を入れる　　　切って開いた表から見て、山折りする

#19
十二支のポチ袋・寅
作品見本 24p　150×150mm　長方形に2つ折り

#20
十二支のポチ袋・卯
作品見本 24p　150×150mm　長方形に2つ折り

#21
十二支のポチ袋・辰
作品見本 24p　150×150mm　長方形に2つ折り

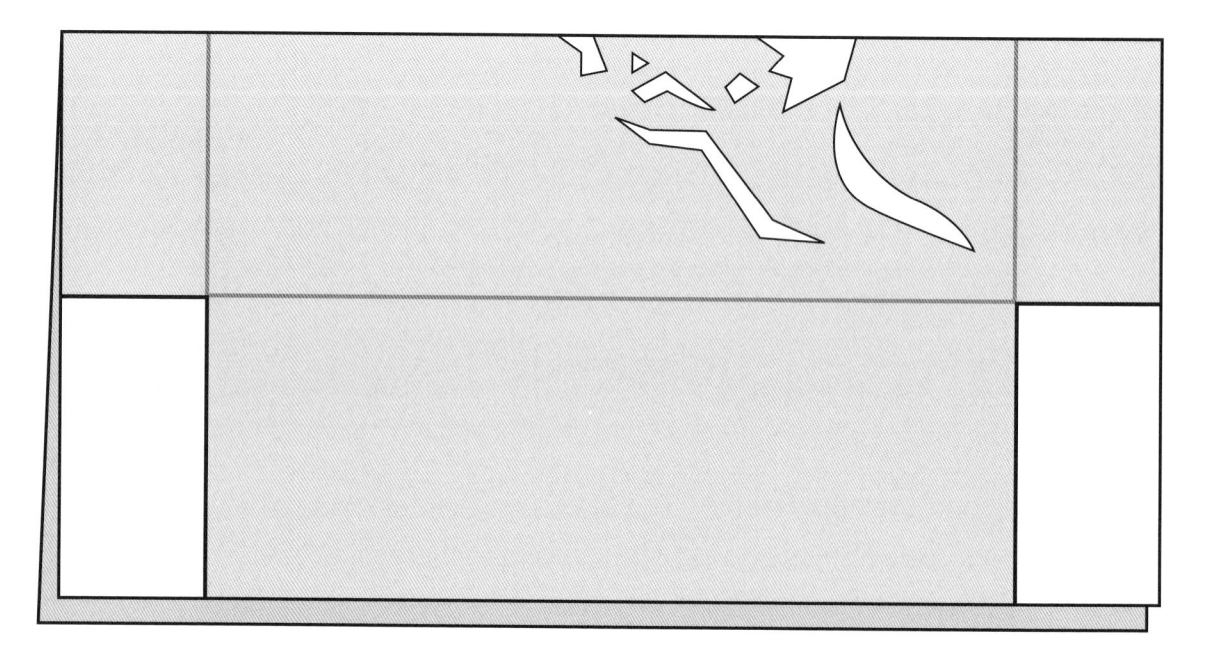

#22
十二支のポチ袋・巳
作品見本 24p　150×150mm　長方形に2つ折り

―――― ハサミまたはカッターで切る
―――― 形を切る前に折り筋を入れる
------ 切って開いた表から見て、谷折りする
-・-・- 切って開いた表から見て、山折りする

#23
十二支のポチ袋・午
作品見本 25p　150×150mm　長方形に2つ折り

#24
十二支のポチ袋・未
作品見本 25p　150×150mm　長方形に2つ折り

#25
十二支のポチ袋・申
作品見本 25p　150×150mm　長方形に2つ折り

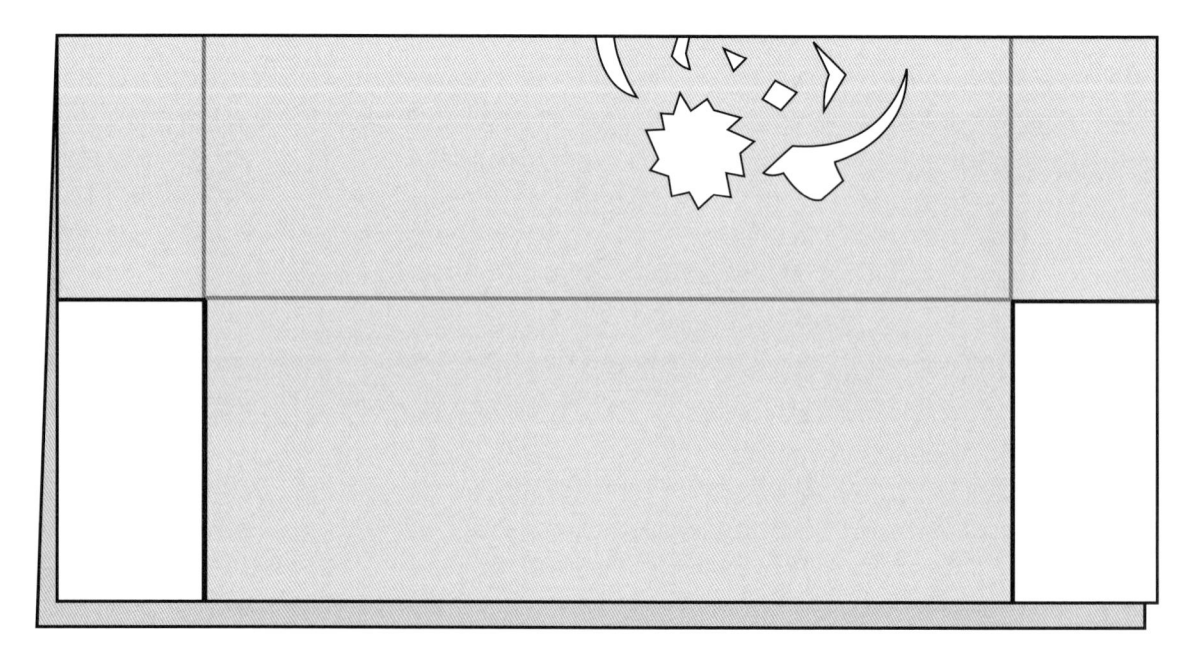

#26
十二支のポチ袋・酉
作品見本 25p　150×150mm　長方形に2つ折り

―――――― ハサミまたはカッターで切る
―――――― 形を切る前に折り筋を入れる
- - - - - - 切って開いた表から見て、谷折りする
－・－・－・ 切って開いた表から見て、山折りする

#27
十二支のポチ袋・犬
作品見本 25p　150×150mm　長方形に 2 つ折り

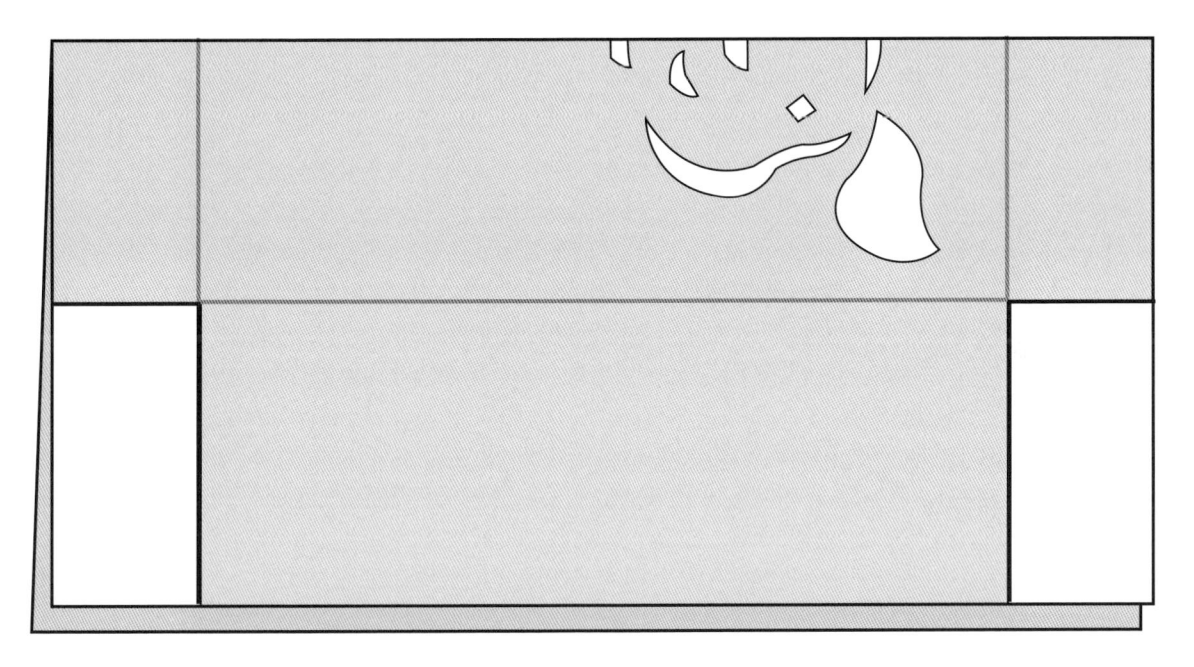

#28
十二支のポチ袋・亥
作品見本 25p　150×150mm　長方形に 2 つ折り

81

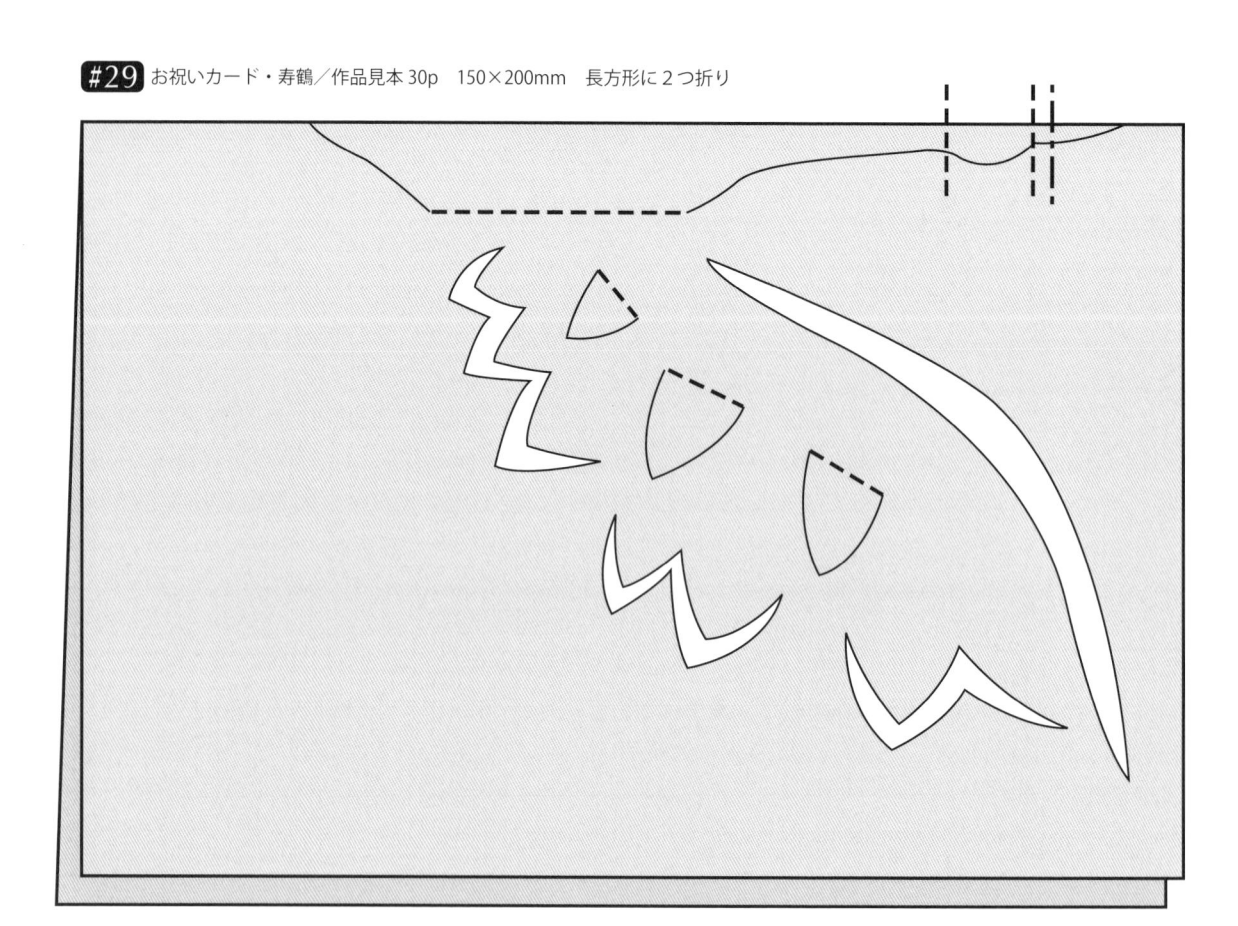

#29 お祝いカード・寿鶴／作品見本 30p　150×200mm　長方形に2つ折り

#30 お祝いカード・祝い鯛／作品見本 30p　150×200mm　長方形に2つ折り

ハサミまたはカッターで切る
形を切る前に折り筋を入れる
切って開いた表から見て、谷折りする
切って開いた表から見て、山折りする

#31 お祝いカード・お多福／作品見本 31p　150×200mm　長方形に 2 つ折り

#32 お祝いカード・松竹梅／作品見本 31p　150×200mm　長方形に 2 つ折り

#33 お祝いカード・登り竜／作品見本 32p　150×200mm　長方形に2つ折り

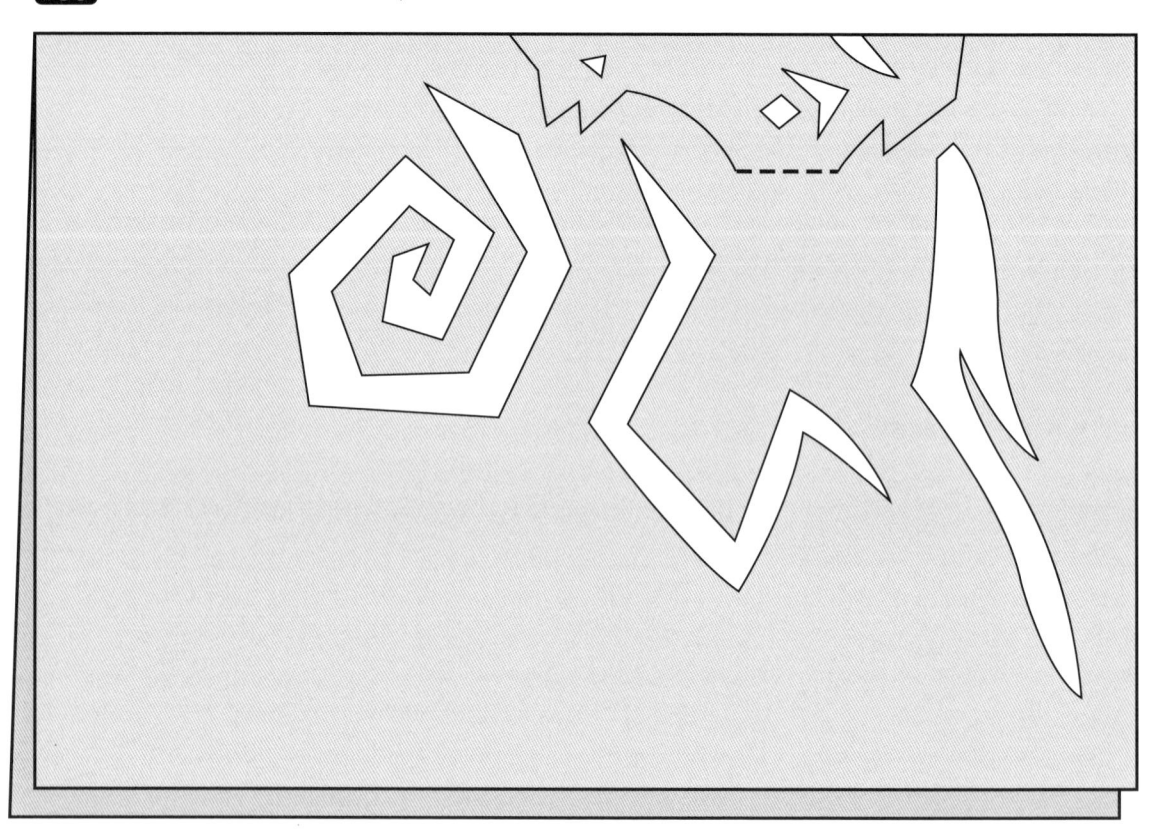

#34 お祝いカード・寿亀／作品見本 32p　150×200mm　長方形に2つ折り

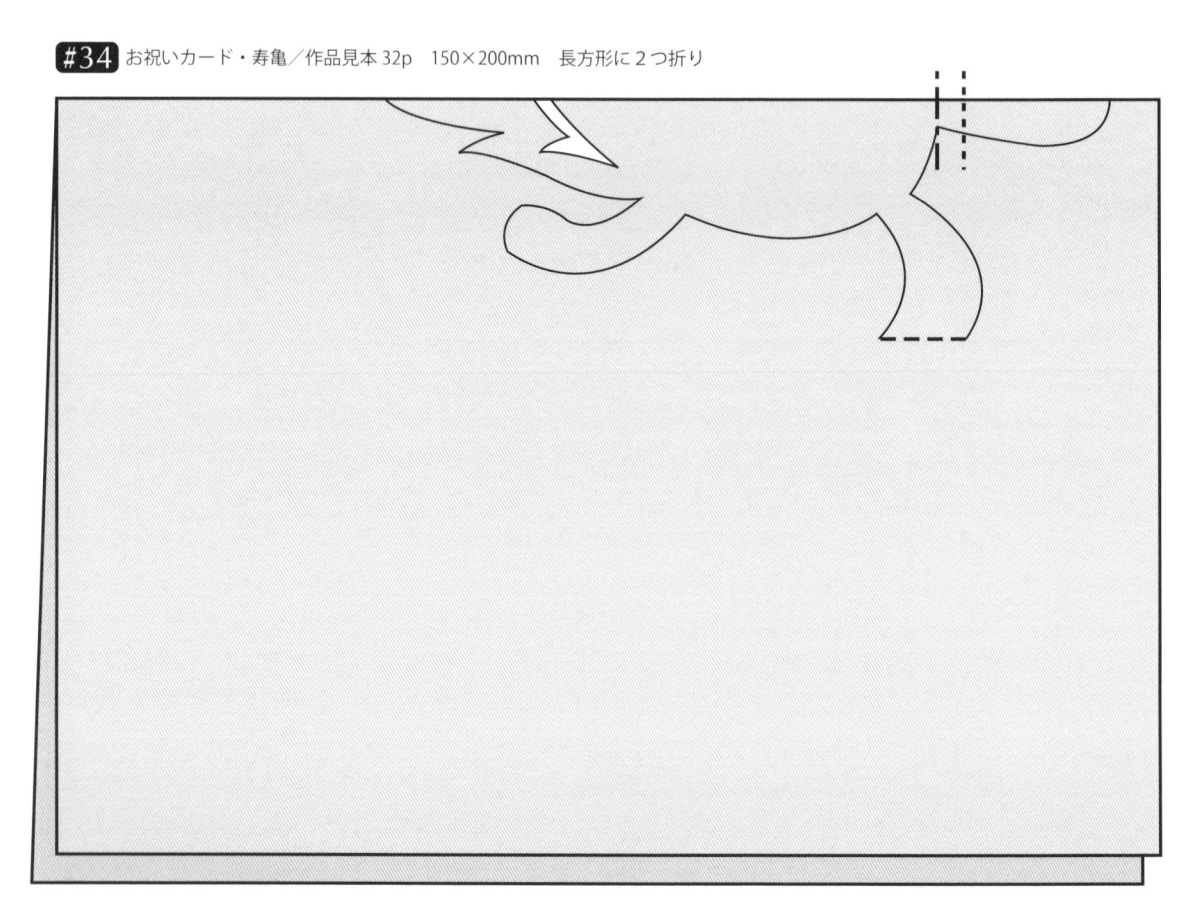

84　――――― ハサミまたはカッターで切る　――――― 切って開いた表から見て、谷折りする
　　　　　　 形を切る前に折り筋を入れる　―・―・― 切って開いた表から見て、山折りする

#35 お祝いカード・桜咲く／作品見本 33p　150×200mm　長方形に2つ折り

#36 お祝いカード・カーネーション／作品見本 34p　150×200mm　長方形に2つ折り

#37 お祝いカード・バラ／作品見本 34p　150×200mm　長方形に2つ折り

#38 お祝いカード・ハッピー・バースデー／作品見本 35p　150×200mm　長方形に2つ折り

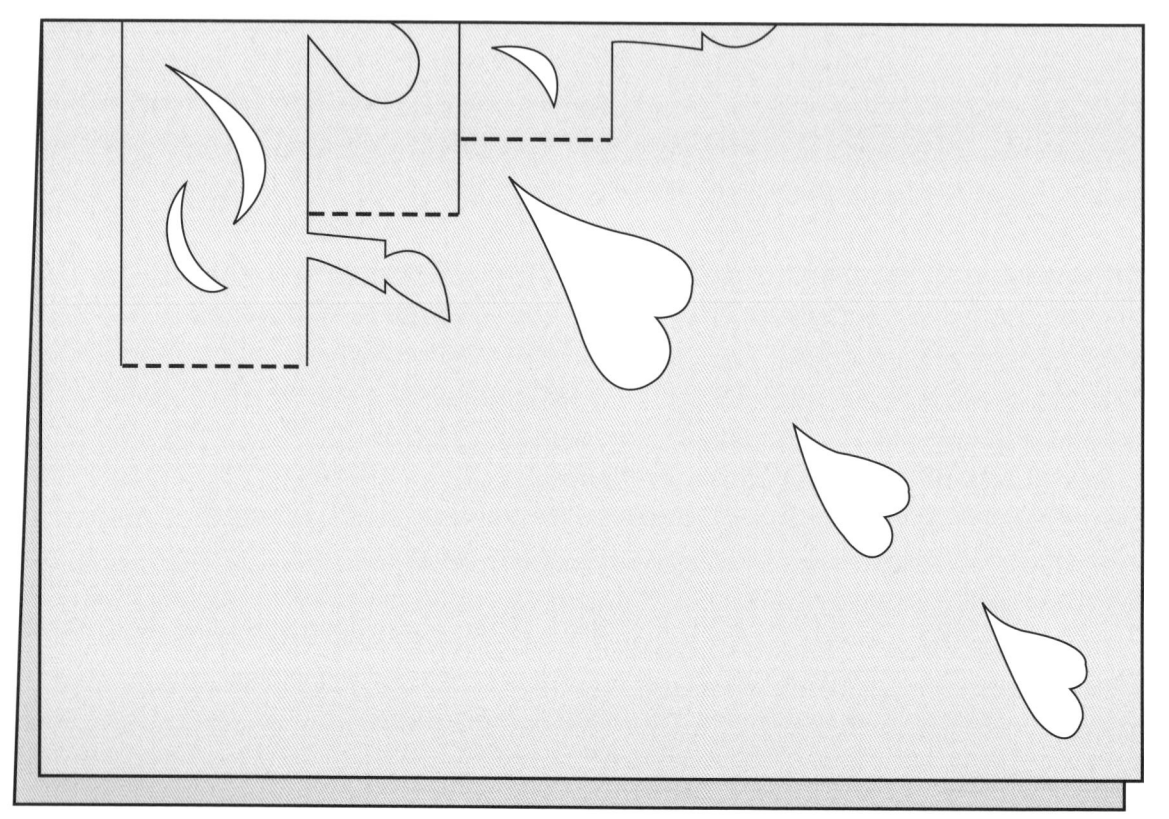

―――――　ハサミまたはカッターで切る　― ― ― ―　切って開いた表から見て、谷折りする
―――――　形を切る前に折り筋を入れる　　　　　　　切って開いた表から見て、山折りする

#39 お祝いカード・ハッピー・マイ・ホーム／作品見本 35p　150×200mm　長方形に2つ折り

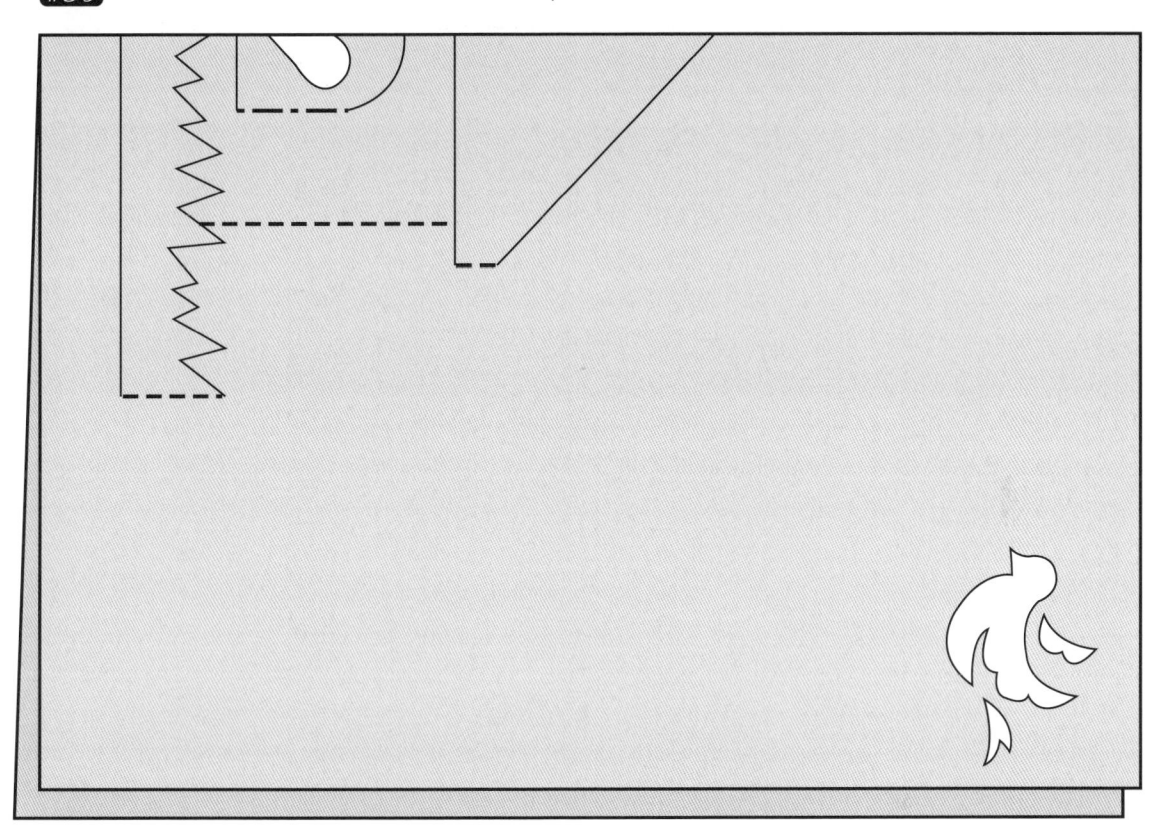

#40 お祝いカード・クリスマス・ツリー／作品見本 36p　150×200mm　長方形に2つ折り

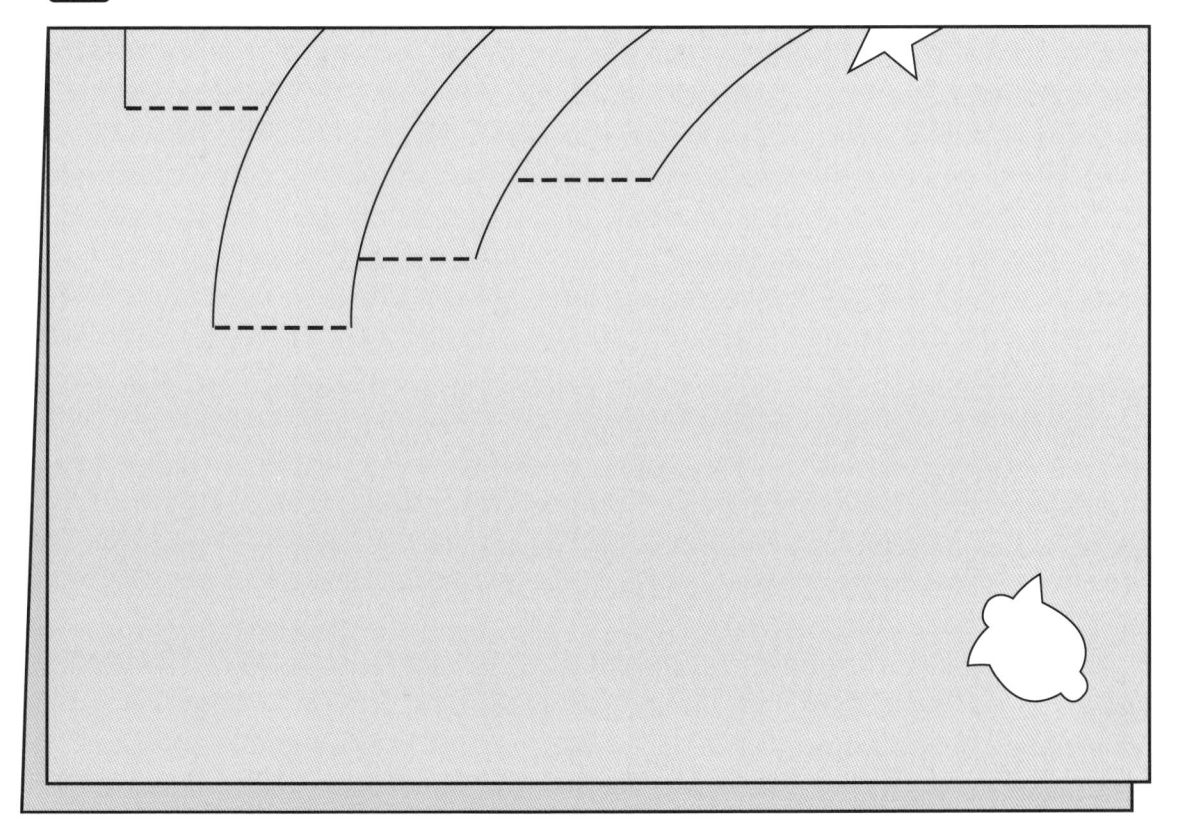

#41 #42 #43 #44 作品見本 37p　70×110mm　長方形に2つ折り

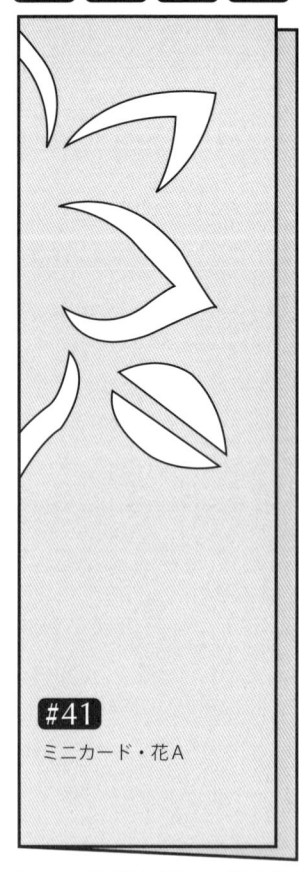

#41 ミニカード・花A

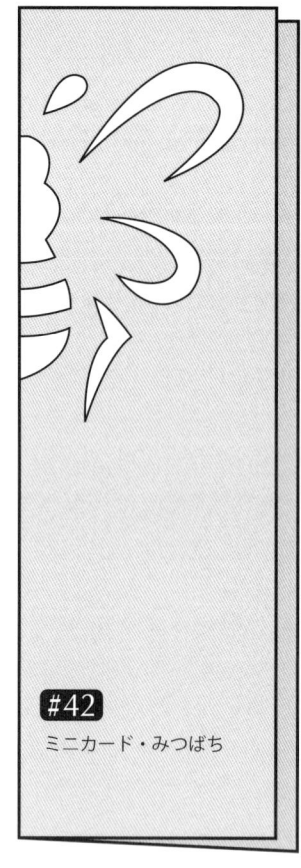

#42 ミニカード・みつばち

#43 ミニカード ちょうちょう

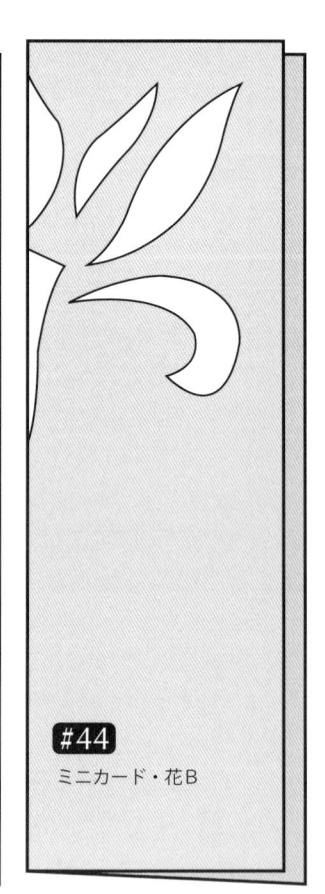

#44 ミニカード・花B

#45 #46 #47 #48 作品見本 38p　70×110mm　長方形に2つ折り

#45 ミニカード・お多福

#46 ミニカード・獅子

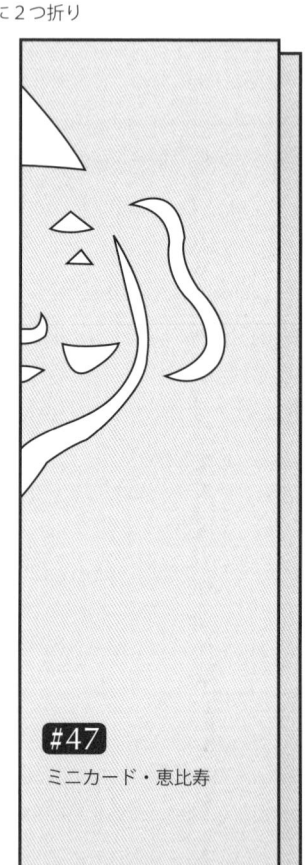

#47 ミニカード・恵比寿

#48 ミニカード・桜

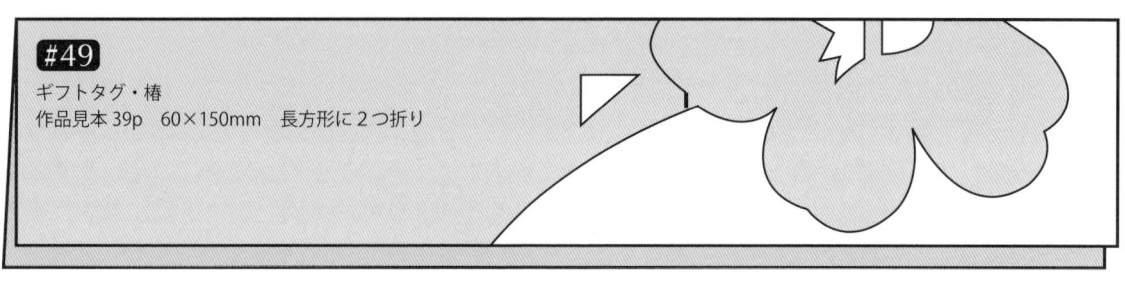

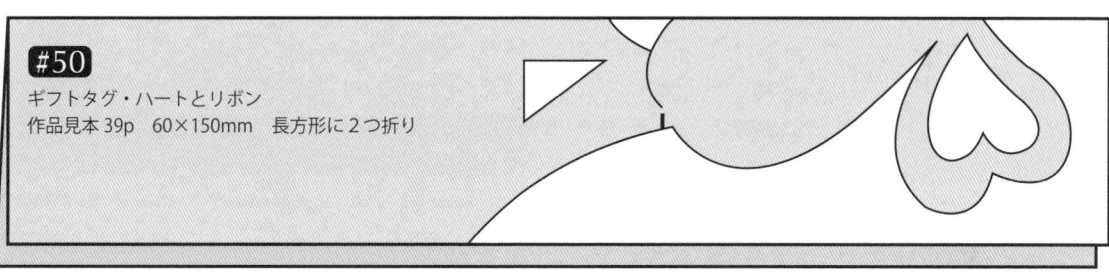

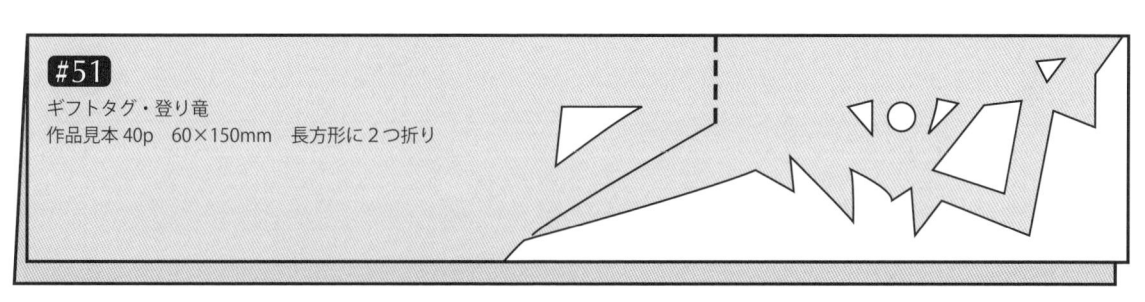

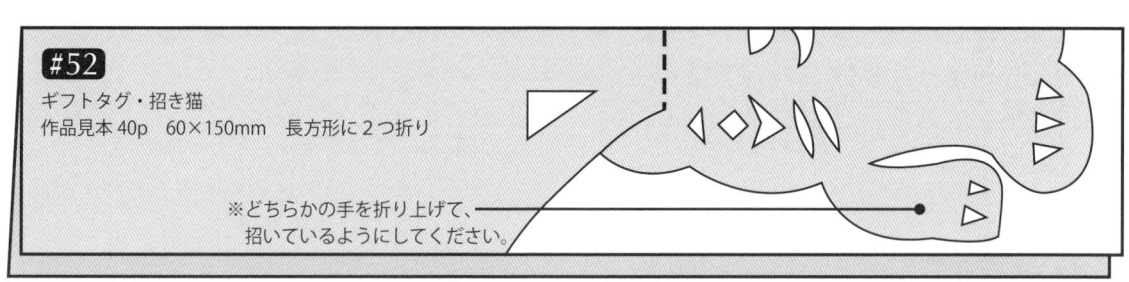

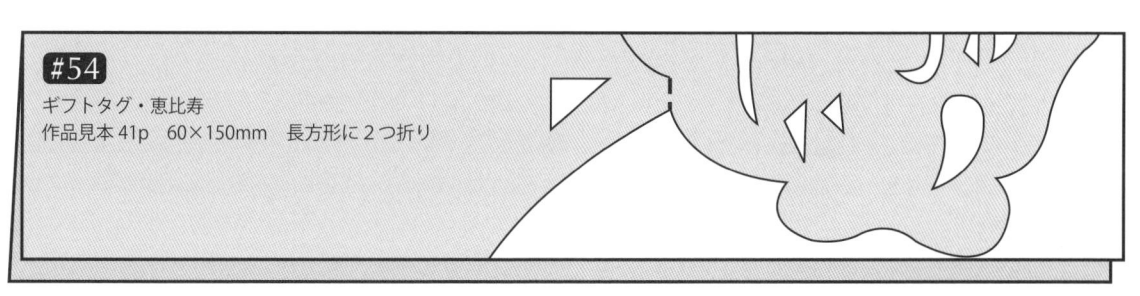

#49
ギフトタグ・椿
作品見本 39p　60×150mm　長方形に2つ折り

#50
ギフトタグ・ハートとリボン
作品見本 39p　60×150mm　長方形に2つ折り

#51
ギフトタグ・登り竜
作品見本 40p　60×150mm　長方形に2つ折り

#52
ギフトタグ・招き猫
作品見本 40p　60×150mm　長方形に2つ折り

※どちらかの手を折り上げて、
招いているようにしてください。

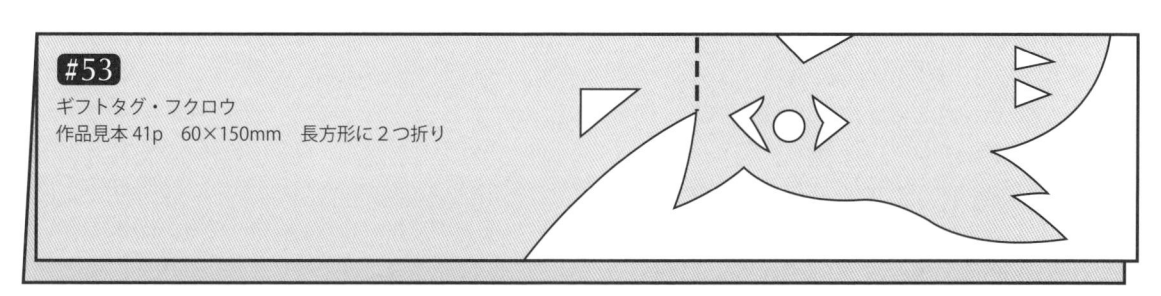

#53
ギフトタグ・フクロウ
作品見本 41p　60×150mm　長方形に2つ折り

#54
ギフトタグ・恵比寿
作品見本 41p　60×150mm　長方形に2つ折り

ハサミまたはカッターで切る
形を切る前に折り筋を入れる
切って開いた表から見て、谷折りする
切って開いた表から見て、山折りする

#55 花のリボン飾り・花A
作品見本 48p　150×150mm　三角形に8つ折り

#57 花のリボン飾り・花C
作品見本 49p　150×150mm　三角形に8つ折り

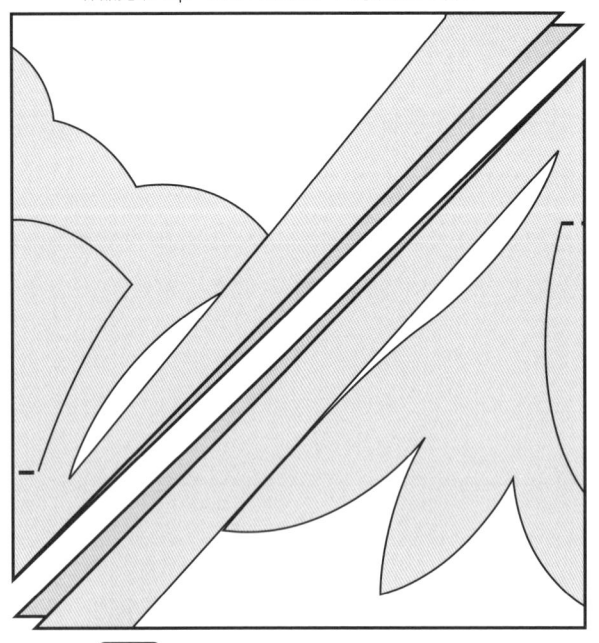

#56 花のリボン飾り・花B
作品見本 48p　150×150mm　三角形に8つ折り

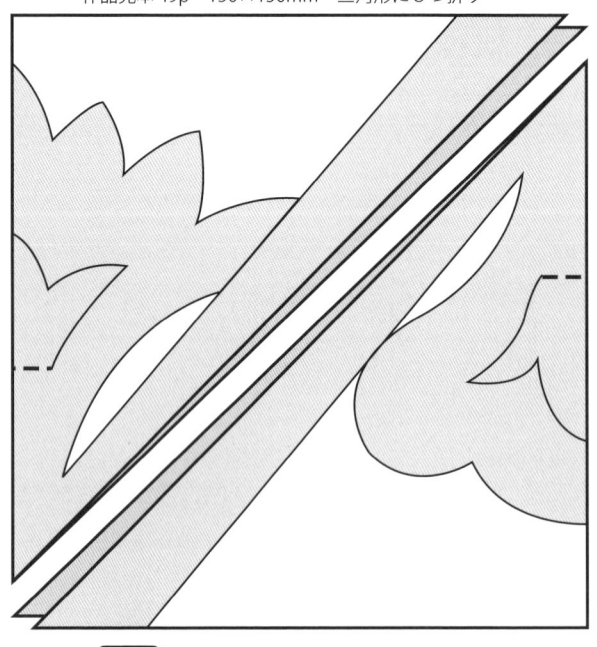

#58 花のリボン飾り・花D
作品見本 49p　150×150mm　三角形に8つ折り

#59 ギフトボックス・バラ
作品見本 50p　150×150mm　三角形に4つ折り

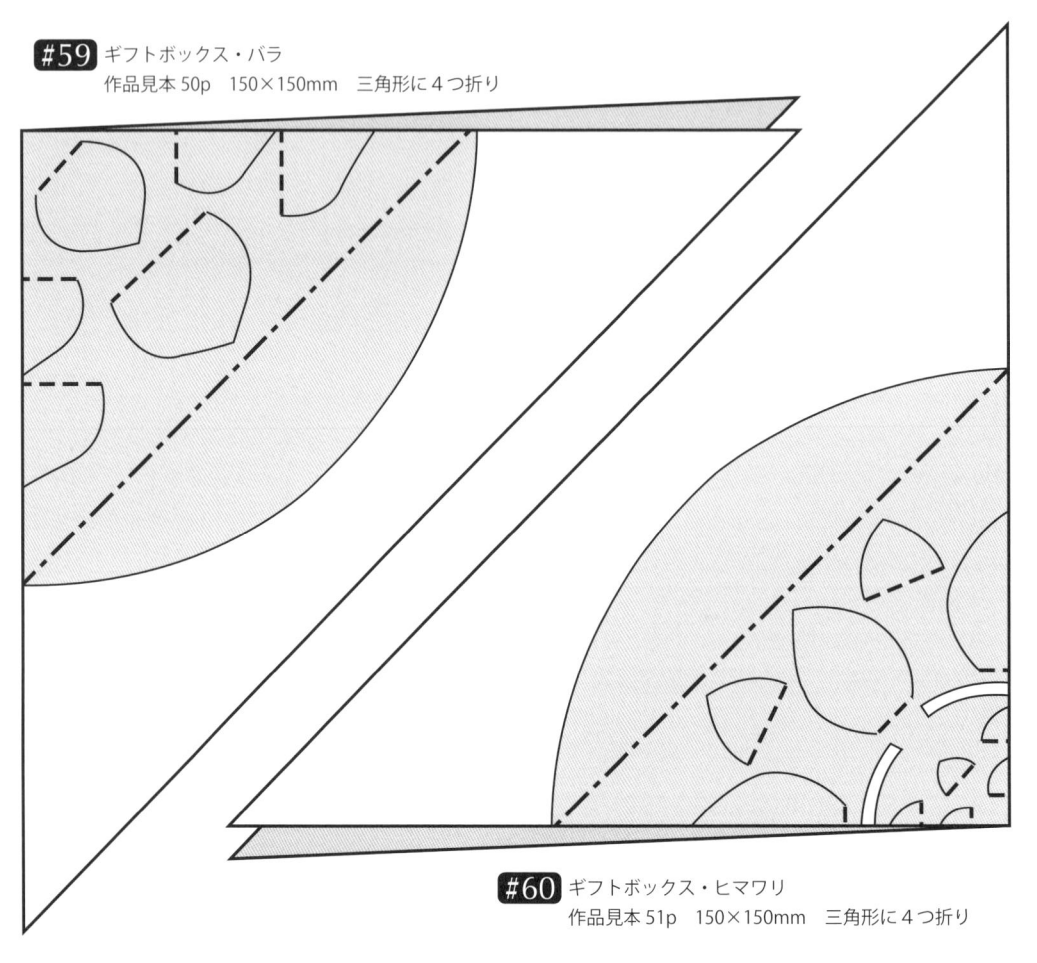

#60 ギフトボックス・ヒマワリ
作品見本 51p　150×150mm　三角形に4つ折り

────── ハサミまたはカッターで切る
　　　　形を切る前に折り筋を入れる
────── 切って開いた表から見て、谷折りする
─·─·─ 切って開いた表から見て、山折りする

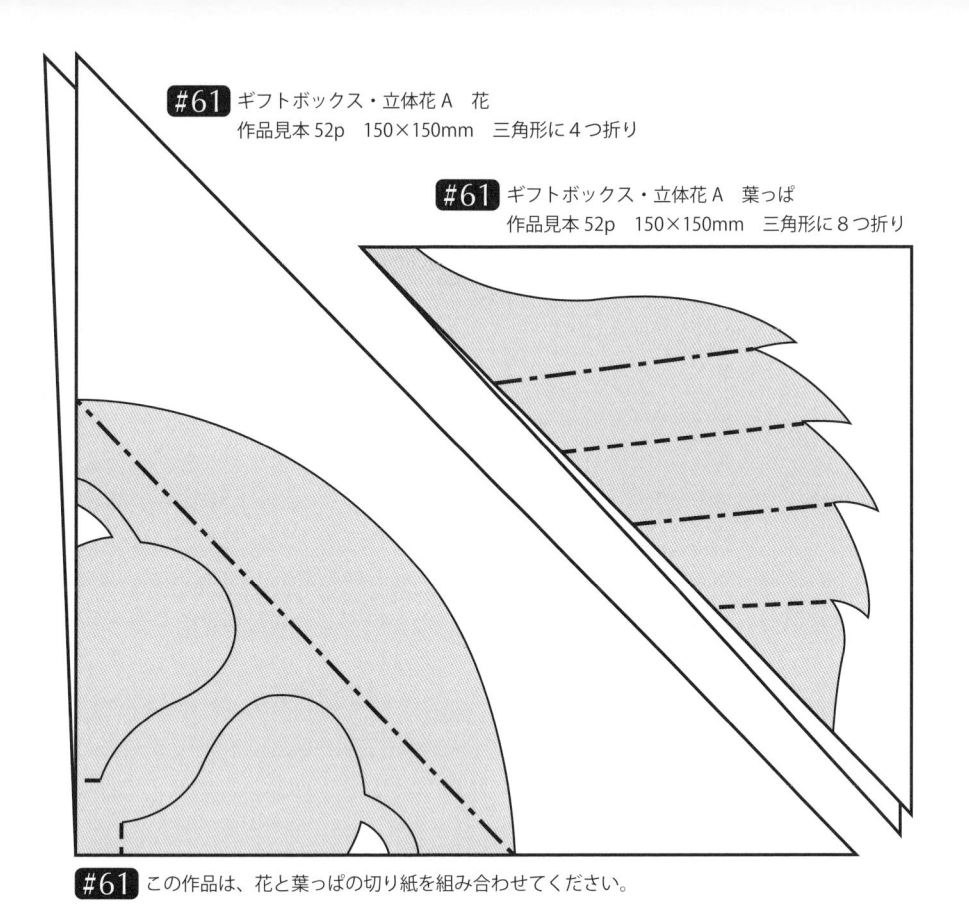

#61 ギフトボックス・立体花A　花
作品見本 52p　150×150mm　三角形に4つ折り

#61 ギフトボックス・立体花A　葉っぱ
作品見本 52p　150×150mm　三角形に8つ折り

#61 この作品は、花と葉っぱの切り紙を組み合わせてください。

#62 ギフトボックス・立体花B　花
作品見本 53p　150×150mm　三角形に4つ折り

#62 ギフトボックス・立体花B　葉っぱ
作品見本 53p　150×150mm　三角形に8つ折り

#62 この作品は、花と葉っぱの切り紙を組み合わせてください。

#63
ギフトバッグ・カーネーションとリボン
作品見本 58p　250×360mm　長方形に4つ折り

#64

ギフトバッグ・ハッピー・バースデー
作品見本 59p　250×360mm　長方形に4つ折り

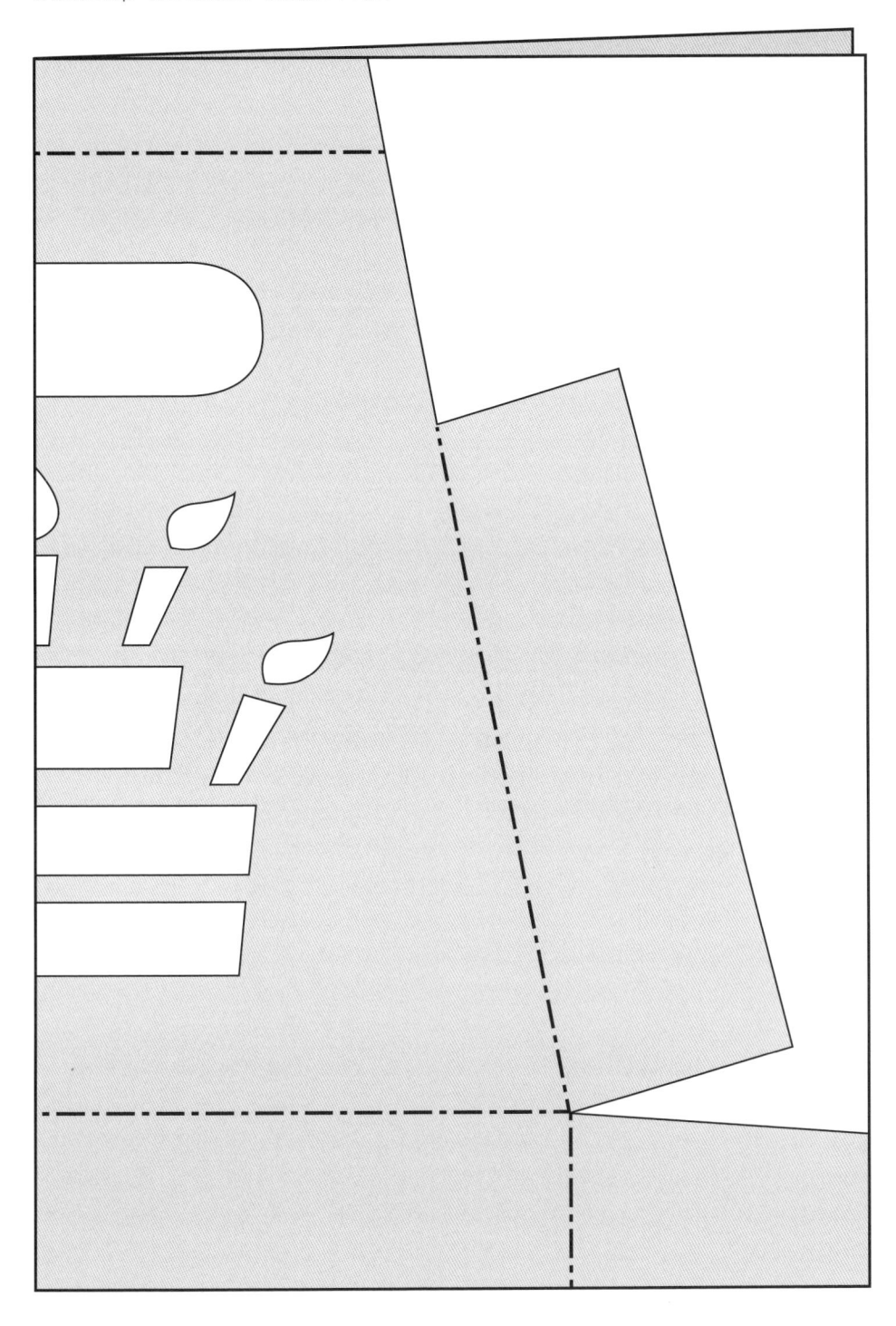

#65

ギフトバッグ・バラ
作品見本 60p　250×360mm　長方形に4つ折り

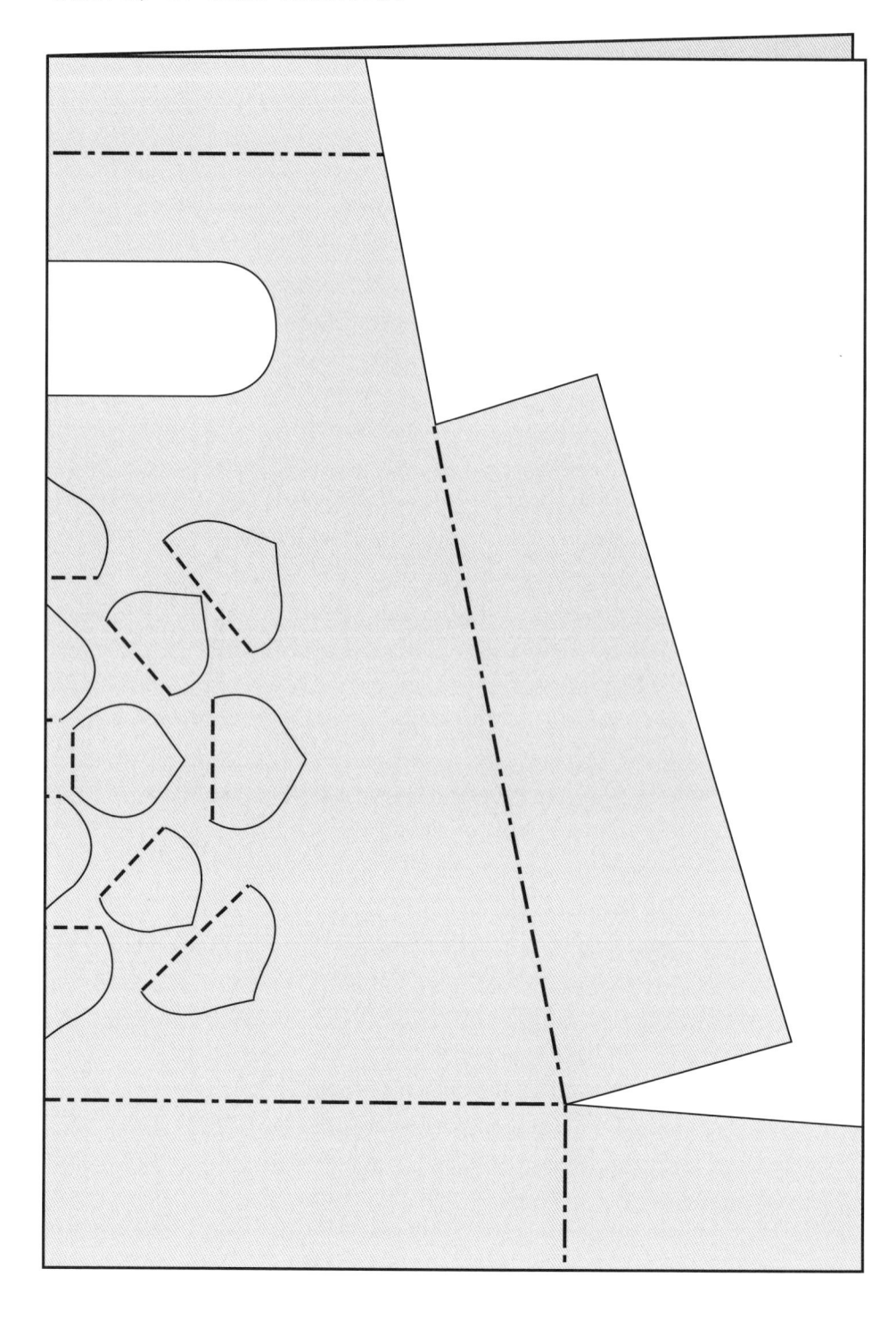

#66
ギフトバッグ・立体花
作品見本 61p　250×360mm　長方形に４つ折り

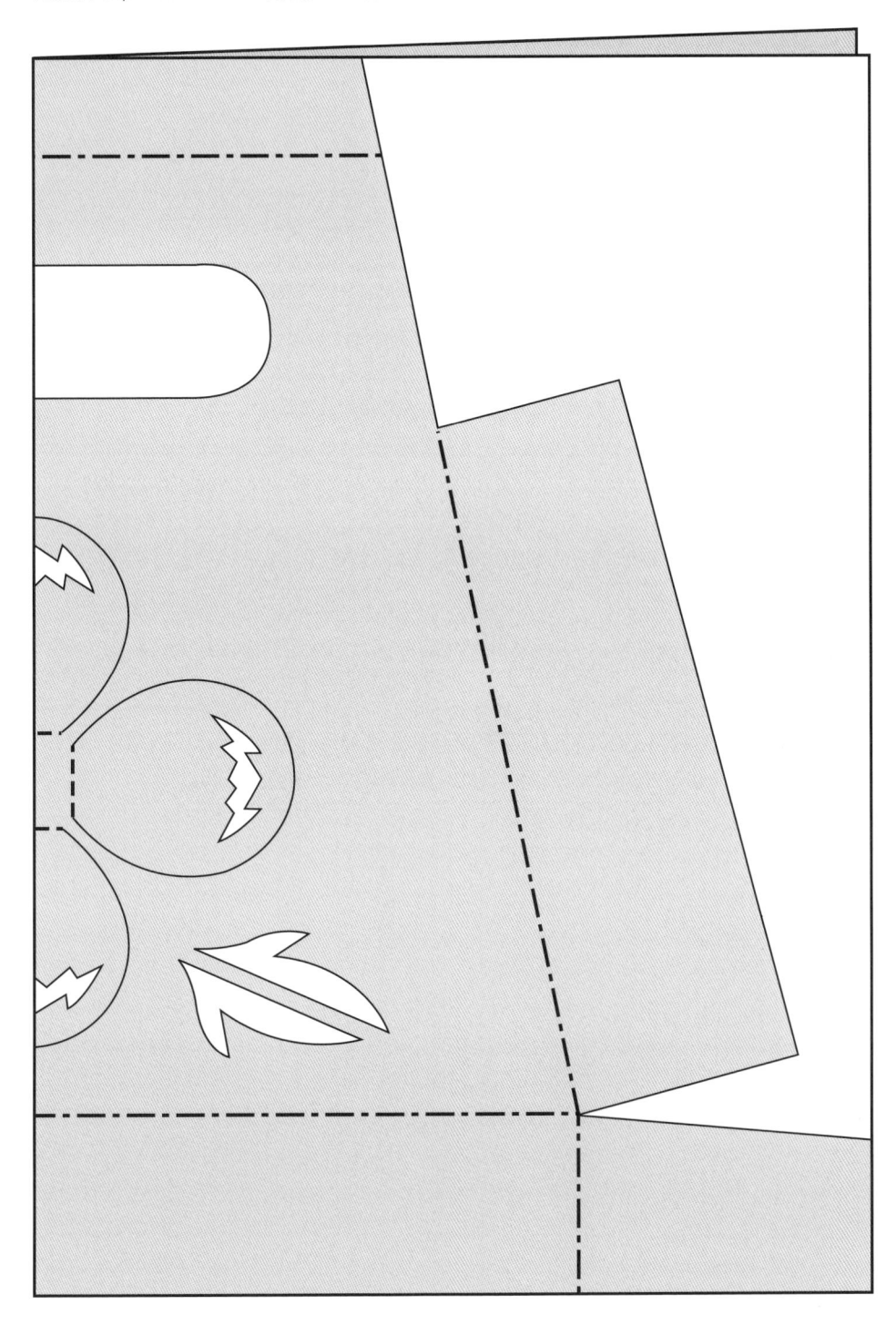

著者プロフィール

大原まゆみ

造形作家、グラフィックデザイナー。
書籍編集、デザインを手がけることと並行して、手づくりの作品を制作。切り紙をはじめとして、折り紙、ビーズ・アクセサリー、陶芸、フラワー・アレンジメントなど、暮らしの中での存在感をテーマにユニークな作品を数多く生み出している。
著書『立体切り紙12か月』『立体切り紙　かわいい小物』(日貿出版社)、『完全マスター　切り紙レッスン』『立体切り紙レッスン』『花の模様切り紙』『干支の切り紙』『透かし切り紙』『透かし折り紙』『恐竜の切り紙』『福を招く　おめでたい切り紙』『和のこよみ切り紙』『昆虫の切り紙』『花の立体切り紙』『切り紙でつくる　花の飾りもの』(以上、誠文堂新光社)、『くらしを彩る　美しい切り紙』(永岡書店)、『そのまま作れる　切り紙練習帳』(成美堂出版)、『きりがみずかん』(学習研究社) など多数。京都市在住。

本書の内容の一部あるいは全部を無断で複写複製（コピー）することは、法律で認められた場合を除き、著作権および出版社の権利の侵害となりますので、その場合は予め小社あて許諾を求めて下さい。

気持ちを贈る

ギフト切り紙
お祝い袋・ポチ袋・カード・ギフトボックスなど

●定価はカバーに表示してあります

2013年11月25日　初版発行
2016年11月 1日　2刷発行

著　者	大原まゆみ
発行者	川内　長成
発行所	株式会社日貿出版社

東京都文京区本郷5-2-2　〒113-0033
電話　　(03)5805-3303（代表）
FAX　　(03)5805-3307
振替　　00180-3-18495

印刷・製本　株式会社加藤文明社
企画・編集・本文デザイン　オオハラヒデキ
カバーデザイン　茨木純人
撮影　白石圭司
撮影協力　村上靖子
©2013 by Mayumi Ohara / Printed in Japan.
乱丁・落丁本はお取り替えいたします。

ISBN978-4-8170-8196-4　　http://www.nichibou.co.jp/